Kohlhammer

Klinische Psychologie und Psychotherapie bei Kindern, Jugendlichen und jungen Erwachsenen

Verhaltenstherapeutische Interventionsansätze

Herausgegeben von Tina In-Albon, Hanna Christiansen und Christina Schwenck

Eine Übersicht aller lieferbaren und im Buchhandel angekündigten Bände der Reihe finden Sie unter:

   https://shop.kohlhammer.de/klinische-psychologie-und-psychotherapie

Die Autorinnen

Prof. Dr. Katajun Lindenberg ist Lehrstuhlinhaberin der Abteilung Klinische Psychologie und Psychotherapie des Kindes- und Jugendalters, Leiterin der Hochschulambulanz für Kinder- und Jugendlichenpsychotherapie an der Johannes Gutenberg-Universität Mainz sowie Kinder- und Jugendlichenpsychotherapeutin.

Sonja Kewitz ist wissenschaftliche Mitarbeiterin in der Abteilung für Klinische Psychologie und Psychotherapie des Kindes- und Jugendalters der Johannes Gutenberg-Universität Mainz sowie Psychologische Psychotherapeutin in Ausbildung.

Julia Lardinoix ist ehemalige wissenschaftliche Mitarbeiterin in der Abteilung für Kinder- und Jugendlichenpsychotherapie der Goethe Universität Frankfurt a. Main sowie Kinder- und Jugendlichentherapeutin in Ausbildung.

Katajun Lindenberg
Sonja Kewitz
Julia Lardinoix

Internet- und Computerspielsucht bei Kindern und Jugendlichen

Verlag W. Kohlhammer

Dieses Werk einschließlich aller seiner Teile ist urheberrechtlich geschützt. Jede Verwendung außerhalb der engen Grenzen des Urheberrechts ist ohne Zustimmung des Verlags unzulässig und strafbar. Das gilt insbesondere für Vervielfältigungen, Übersetzungen und für die Einspeicherung und Verarbeitung in elektronischen Systemen.

Pharmakologische Daten verändern sich ständig. Verlag und Autoren tragen dafür Sorge, dass alle gemachten Angaben dem derzeitigen Wissensstand entsprechen. Eine Haftung hierfür kann jedoch nicht übernommen werden. Es empfiehlt sich, die Angaben anhand des Beipackzettels und der entsprechenden Fachinformationen zu überprüfen. Aufgrund der Auswahl häufig angewendeter Arzneimittel besteht kein Anspruch auf Vollständigkeit.

Die Wiedergabe von Warenbezeichnungen, Handelsnamen und sonstigen Kennzeichen berechtigt nicht zu der Annahme, dass diese frei benutzt werden dürfen. Vielmehr kann es sich auch dann um eingetragene Warenzeichen oder sonstige geschützte Kennzeichen handeln, wenn sie nicht eigens als solche gekennzeichnet sind.

Es konnten nicht alle Rechtsinhaber von Abbildungen ermittelt werden. Sollte dem Verlag gegenüber der Nachweis der Rechtsinhaberschaft geführt werden, wird das branchenübliche Honorar nachträglich gezahlt.

Dieses Werk enthält Hinweise/Links zu externen Websites Dritter, auf deren Inhalt der Verlag keinen Einfluss hat und die der Haftung der jeweiligen Seitenanbieter oder -betreiber unterliegen. Zum Zeitpunkt der Verlinkung wurden die externen Websites auf mögliche Rechtsverstöße überprüft und dabei keine Rechtsverletzung festgestellt. Ohne konkrete Hinweise auf eine solche Rechtsverletzung ist eine permanente inhaltliche Kontrolle der verlinkten Seiten nicht zumutbar. Sollten jedoch Rechtsverletzungen bekannt werden, werden die betroffenen externen Links soweit möglich unverzüglich entfernt.

1. Auflage 2023

Alle Rechte vorbehalten
© W. Kohlhammer GmbH, Stuttgart
Gesamtherstellung: W. Kohlhammer GmbH, Stuttgart

Print:
ISBN 978-3-17-040358-1

E-Book-Formate:
pdf: ISBN 978-3-17-040359-8
epub: ISBN 978-3-17-040360-4

Geleitwort zur Buchreihe

Klinische Psychologie und Psychotherapie bei Kindern, Jugendlichen und jungen Erwachsenen: Verhaltenstherapeutische Interventionsansätze

Psychische Störungen im Kindes- und Jugendalter sind weit verbreitet und ein Schrittmacher für die Entwicklung weiterer psychischer Störungen im Erwachsenenalter. Für einige der für das Kindes- und Jugendalter typischen Störungsbereiche liegen empirisch gut abgesicherte Behandlungsmöglichkeiten vor. Eine Besonderheit in der Diagnostik und Therapie von Kindern mit psychischen Störungen stellt das Setting der Therapie dar. Dies bezieht sich sowohl auf den Einbezug der Eltern als auch auf mögliche Kontaktaufnahmen mit dem Kindergarten, der Schule, der Jugendhilfe usw. Des Weiteren stellt die Entwicklungspsychopathologie für die jeweiligen Bände ein zentrales Kernthema dar.

Ziel dieser neuen Buchreihe ist es, Themen der Klinischen Kinder- und Jugendpsychologie und Psychotherapie in ihrer Gesamtheit darzustellen. Dies umfasst die Beschreibung von Erscheinungsbildern, epidemiologischen Ergebnissen, rechtliche Aspekte, ätiologischen Faktoren bzw. Störungsmodelle, sowie das konkrete Vorgehen in der Diagnostik unter Berücksichtigung verschiedener Informanten und das konkrete Vorgehen in der Psychotherapie unter Berücksichtigung des aktuellen Wissensstandes zur Wirksamkeit.

Die Buchreihe besteht aus Bänden zu spezifischen psychischen Störungsbildern und zu störungsübergreifenden Themen. Die einzelnen Bände verfolgen einen vergleichbaren Aufbau wobei praxisorientierte Themen wie bspw. Fallbeispiele, konkrete Gesprächsinhalte oder die Antragsstellung durchgehend aufgenommen werden.

Christina Schwenck (Gießen)
Hanna Christiansen (Marburg)
Tina In-Albon (Landau)

Die Herausgeberinnen

Prof. Dr. Tina In-Albon, Professur für Klinische Psychologie und Psychotherapie des Kindes- und Jugendalters sowie Leitung der Landauer Psychotherapie-Ambulanz für Kinder und Jugendliche und des Studiengangs zur Ausbildung in Kinder- und Jugendlichenpsychotherapie der Rheinland-Pfälzischen Technischen Universität Kaiserslautern-Landau.

Prof. Dr. Hanna Christiansen, Professur für Klinische Psychologie des Kindes- und Jugendalters an der Philipps-Universität Marburg; Leiterin der Kinder- und Jugendlichen-Psychotherapie-Ambulanz Marburg (KJ-PAM) sowie des Kinder- und Jugendlichen-Instituts für Psychotherapie-Ausbildung Marburg (KJ-IPAM).

Prof. Dr. Christina Schwenck, Professur für Förderpädagogische und Klinische Kinder- und Jugendpsychologie, Justus-Liebig-Universität Gießen. Leiterin der postgradualen Ausbildung Kinder- und Jugendlichenpsychotherapie mit Schwerpunkt Verhaltenstherapie.

Inhalt

	Geleitwort zur Buchreihe	5
1	**Erscheinungsbild und Klassifikation**	**9**
1.1	Erscheinungsbild der Internet- und Computerspielsucht	10
1.2	Diagnostische Kriterien (ICD-11 und DSM-5)	16
1.3	Überprüfung der Lernziele	19
2	**Epidemiologie, Verlauf und Folgen**	**20**
2.1	Epidemiologie der Internet- und Computerspielsucht	21
2.2	Verlauf und Stabilität der Internet- und Computerspielsucht	25
2.3	Folgen der Internet- und Computerspielsucht	27
2.4	Überprüfung der Lernziele	35
3	**Komorbidität und Differenzialdiagnostik**	**36**
3.1	Andere (Verhaltens-)Suchterkrankungen	38
3.2	Internalisierende Störungen (Depressive Störungen & Angststörungen, insbesondere soziale Angststörungen)	39
3.3	ADHS	42
3.4	Störungen des Sozialverhaltens	44
3.5	Autismus-Spektrum-Störungen	44
3.6	Überprüfung der Lernziele	46
4	**Diagnostik**	**47**
4.1	Ziele und Struktur des diagnostischen Prozesses	48
4.2	Erstgespräch und Anamnese	49
4.3	Diagnostikinstrumente	51
4.4	Überprüfung der Lernziele	55
5	**Störungstheorien und -modelle**	**56**
5.1	Bedingende Faktoren für Entstehung und Aufrechterhaltung	56
5.2	Integrative Erklärungsmodelle	58
5.3	Lernerfahrungen und interpersonelle Faktoren	61
5.4	Anwendung der Störungsmodelle auf Fallbeispiele	63
5.5	Überprüfung der Lernziele	66

6	Psychotherapeutische Behandlung der Internet- und Computerspielsucht	67
	6.1 Fallbeispiel mit typischem Therapieantrag	67
	6.2 Therapiebausteine	71
	6.3 Stand der Psychotherapieforschung	79
	6.4 Überprüfung der Lernziele	79
7	**Zusammenfassung und Ausblick**	**80**
	Literaturverzeichnis	**82**
	Stichwortverzeichnis	**95**

1 Erscheinungsbild und Klassifikation

Der 17-jährige Tim stellt sich aufgrund einer exzessiven Nutzung von Computerspielen in einer ambulanten Psychotherapiepraxis vor. Er schildert, dass er außerhalb der Schule zu Hause den ganzen Tag über nur Computerspiele spiele und sein Spielverhalten nicht kontrollieren könne. Das Computerspielen (*Gaming*) sei das einzige Hobby, das ihm Spaß mache. Andere Interessen außer dem Gaming habe er nicht. Tim leide sehr stark unter den Konsequenzen seines Spielverhaltens. Am meisten besorgt sei er über seine Antriebs- und Motivationslosigkeit. Er selbst glaube, dass sein Spielverhalten zu einer Depression geführt habe. Zudem berichtet er, dass er viel Stress in der Schule habe und seine Noten schlechter geworden seien. Seine Mutter beschreibt die Interaktion zu Hause als »sehr angespannt«. Tim wolle keinen Kontakt zur Familie und verbringe die ganze Zeit damit, in seinem Zimmer Computerspiele zu spielen. Die Familie richte sich im Alltag nach seinen Computerspielzeiten, um ihn zumindest zu den Mahlzeiten zu sehen.

Lernziele

- Sie können den Begriff Internetnutzungsstörung definieren und kennen alle zugehörigen Subtypen.
- Sie kennen das typische Erscheinungsbild der Internet- und Computerspielsucht.
- Sie können diagnostische Kriterien für die Computerspielstörung nach der International Classification of Diseases (11. Edition, ICD-11; World Health Organization) und dem Diagnostic and Statistical Manual of Mental Disorders (5. Edition, DSM-5; American Psychiatric Organization) benennen.

1.1 Erscheinungsbild der Internet- und Computerspielsucht

1.1.1 Internet- und Computerspielsucht bei Kindern und Jugendlichen

Die Nutzung von Internetanwendungen ist ein wesentlicher Bestandteil unseres alltäglichen Lebens. Bedeutung und Einfluss der Internetnutzung haben sich durch die COVID-19-Pandemie enorm verstärkt. Die Vielzahl an unterschiedlichen Möglichkeiten, die das Internet bietet (zum Beispiel Gaming, Unterhaltung, Kommunikation oder Wissenserwerb), ist nahezu überall uneingeschränkt verfügbar, leicht zugänglich und entwickelt sich stetig weiter. Dies spiegelt sich auch in entsprechend hohen Nutzungszeiten bei Kindern und Jugendlichen wider. So lagen die täglichen Online-Nutzungszeiten von 12- bis 19-Jährigen in Deutschland 2021 bei durchschnittlich 241 Minuten, im Vergleich zu 134 Minuten 2011 (Feierabend, Rathgeb, Kheredmand & Glöckler, 2021). Die exzessive Nutzung von Online-Anwendungen kann jedoch auch zu einem suchthaften Verhalten mit gravierenden Folgen führen, im Rahmen dessen eine selbstbestimmte Kontrolle über die Nutzungszeiten nicht mehr möglich ist (Rehbein, Mößle, Arnaud & Rumpf, 2013; Rumpf et al., 2016; Young, 1998a).

Forschende der klinischen Psychologie und Psychotherapie des Kindes- und Jugendalters beschäftigen sich zunehmend mit möglichen Auswirkungen der Internetnutzung auf die individuelle Entwicklung. Der Fokus bei Minderjährigen liegt dabei auf der Nutzung von Computerspielen (online und offline), Sozialen Netzwerken und Streamingdiensten, deren pathologische Nutzung zusammengefasst als Internet- und Computerspielsucht bezeichnet wird.

Die Internet- und Computerspielsucht hat durch die Einführung eines eigenen Kapitels für Verhaltenssüchte in die ICD-11 im klinischen Alltag an Bedeutung gewonnen. Denn dadurch wurde von der Weltgesundheitsorganisation anerkannt, dass nicht nur Substanzen, sondern auch exzessive Verhaltensweisen, wie beispielsweise das exzessive Gaming, online oder offline, abhängig machen können. Als erste Online-Verhaltenssucht wurde in dieses Kapitel die Gaming Disorder (Computerspielstörung) als neue, eigenständige Diagnose eingeordnet (World Health Organization, 2018). Ein Überblick über die Klassifikation aller Verhaltenssüchte nach ICD-11 ist ▶ Abb. 1.1 zu entnehmen.

Bei der Internet- und Computerspielsucht handelt es sich um ein komplexes Konstrukt zur Beschreibung verschiedener Online-Verhaltenssüchte. Die Definition, insbesondere ein einheitlicher Begriff, sowie die Abgrenzung verschiedener Verhaltenssüchte, wurden in der Literatur kontrovers diskutiert (Brand et al., 2020; Rumpf et al., 2021). Im deutschsprachigen Raum haben sich Wissenschaftler*innen weitgehend auf den Begriff der Internetnutzungsstörungen geeinigt (Rumpf et al., 2021). Mit Internetnutzungsstörung (Online-Verhaltenssucht) ist eine zunehmend exzessiv ausgeführte Internetnutzung gemeint, die sich durch hohe Dauer und Intensität des ausgeführten Verhaltens, Kontrollverlust über das Verhalten sowie dar-

1.1 Erscheinungsbild der Internet- und Computerspielsucht

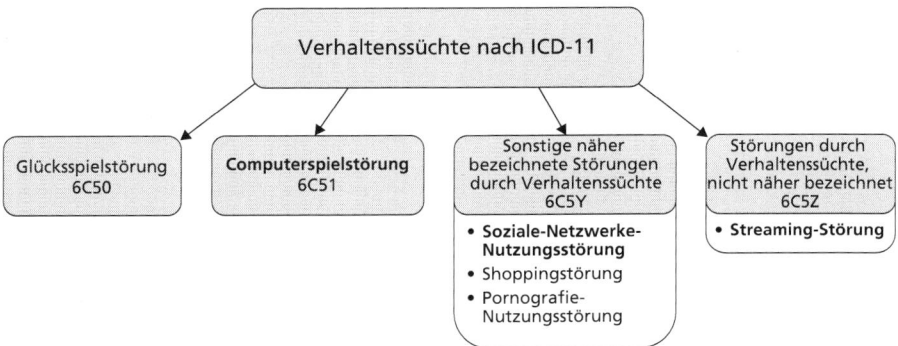

Abb. 1.1: Jede der aufgeführten Verhaltenssüchte kann sich entweder überwiegend online (6C5#.0) oder überwiegend offline (6C5#.1) äußern. Die hervorgehobenen Störungsbilder sind insbesondere für Kinder und Jugendliche relevant. Die Streaming-Störung zählt nicht zu den sonstigen näher bezeichneten Verhaltenssüchten und muss daher gesondert als Verhaltenssucht, nicht näher bezeichnet klassifiziert werden.

aus resultierende negative Konsequenzen in psychosozialen Lebensbereichen äußert (Brand et al., 2019). Die Internetnutzungsstörung kann als Mantelbegriff betrachtet werden, unter dem verschiedene Subtypen von Störungsbildern (unterschiedliche Nutzungsformen) subsummiert sind. Grundlegend fallen unter den Begriff Internetnutzungsstörung alle Bereiche von Online-Anwendungen, die über verschiedene Endgeräte verwendet werden, sowie Computerspiele, die auch offline gespielt werden. Glücksspiele sind nicht inbegriffen, da diese unter der Diagnose pathologisches Glücksspiel gesondert behandelt werden (Rumpf et al., 2016).

Folgende Subtypen zählen zur Internetnutzungsstörung (Müller, 2017; Rumpf et al., 2021):

- Computerspielstörung
- Soziale-Netzwerke-Nutzungsstörung
- Pornografie-Nutzungsstörung
- Shopping-Störung

Besonders relevant für die psychische Gesundheit von Kindern und Jugendlichen sind die Auswirkungen der Nutzung von Computerspielen, Sozialen Netzwerken und Streamingdiensten. Wir beziehen uns daher in diesem Werk hauptsächlich auf diese drei Nutzungsformen und damit einhergehende Störungsbilder und verwenden dafür den Term *Internet- und Computerspielsucht im Kindes- und Jugendalter*.

Über die Streaming-Störung, also die süchtige Nutzung von Filmen, Serien, Videoclips oder anderen Inhalten von Streaming-Diensten, ist bisher vergleichsweise wenig bekannt, weshalb diese nicht offiziell als Subtyp von Internetnutzungsstörungen gelistet wird. Das liegt unter anderem daran, dass in diesem Bereich nach wie vor mehr Forschungsergebnisse zu Volljährigen als zu Minderjährigen vorliegen. Insbesondere bei der Beforschung von Kindern und Jugendlichen ist die Nutzung von Streamingdiensten aufgrund der hohen Nutzungszeiten sowie der Überschneidung von Videoanwendungen mit Sozialen Netzwerken (z. B. bei TikTok) und Videospielen (z. B. bei Twitch) dennoch von zunehmendem Forschungsinteresse.

Die Glücksspielstörung, Pornografie-Nutzungsstörung und Shopping-Störung wurden fast ausschließlich bei Erwachsenen untersucht, was unter anderem auch auf rechtliche Gründe zurückzuführen ist.

> **Definition: Internet- und Computerspielsucht im Kindes- und Jugendalter**
>
> Internetnutzungsstörungen (Online-Verhaltenssüchte) sind gekennzeichnet durch:
>
> - hohe Dauer und Intensität des ausgeführten Verhaltens
> - Priorisierung des ausgeführten Verhaltens
> - Kontrollverlust über das Verhalten
> - negative Konsequenzen in psychosozialen Lebensbereichen
>
> Fokus im Kindes- und Jugendalter: Computerspielstörung, Soziale-Netzwerke-Nutzungsstörung, Streaming-Störung

Verschiedene Ansätze erklären, warum Kinder und Jugendliche zunehmend viel Zeit mit Internetanwendungen oder Computerspielen verbringen: sie haben grundsätzlich einen stark unmittelbar belohnenden Charakter. Aus lerntheoretischer Perspektive sind dafür vor allem positive Verstärkungsmechanismen (schnelle Erfolge, hohe Reizdichte, Flow-Erleben) ausschlaggebend, die überwiegend intermittierend erfolgen (nicht lineare Spieleverläufe, Glücksspielelemente wie sog. »Loot-Boxen«) und deshalb besonders löschungsresistent sind. Insbesondere Computerspiele beinhalten spezifische Mechanismen, die auf eine möglichst hohe Spieldauer abzielen. Dadurch sollen Nutzer*innen an das Spiel gebunden und somit die Wahrscheinlichkeit erhöht werden, dass diese durch Mikro-Transaktionen Boni, Spielefortschritte oder neue »Cosmetic Items« etc. erwerben, durch die sich die Spieleindustrie finanziert (Lindenberg & Holtmann, 2021; Lindenberg & Basten, 2021).

Die eigenständige, willkürliche Kontrolle des Medienverhaltens ist dabei stark altersabhängig. Entwicklungsbedingt verbessern sich die Exekutivfunktionen von Kindern und Jugendlichen bis ins Erwachsenenalter (McClelland & Cameron, 2011). Infolgedessen fällt es jüngeren Kindern umso schwerer, eigene Gedanken, Gefühle und Handlungen ausreichend selbst zu regulieren, was insbesondere die eigenständige Kontrolle über die Nutzung von Internetanwendungen und Computerspielen in jüngeren Altersstufen ohne elterliche Unterstützung unwahrscheinlich macht.

Für das Auftreten einer Internet- und Computerspielsucht im Kindes- und Jugendalter gibt es bestimmte individuelle Risikofaktoren, die mit einer übermäßigen Mediennutzung in Zusammenhang stehen und eine Entstehung begünstigen können. Dazu zählen hauptsächlich motivationale Schwierigkeiten und Antriebsschwierigkeiten, soziale Kompetenzdefizite sowie Emotionsregulationsschwierigkeiten (Lindenberg, Kindt & Szász-Janocha, 2020).

1.1.2 Mediennutzung von Kindern

Bereits Kinder haben Zugang zu verschiedenen digitalen Medien. Die meisten wachsen in einem Haushalt mit umfangreichem Medienrepertoire auf, das zunehmend weiter aufgestockt wird (beispielsweise Computer/Laptops, Smart TVs, Tablets, Streamingdienste). Dabei besitzen viele Kinder bereits eigene digitale Medien. Im Rahmen einer querschnittlichen Basisuntersuchung zum Medienumgang 6- bis 13-Jähriger (KIM-Studie 2020; Feierabend, Rathgeb, Kheredmand & Glöckler, 2020b) gaben 50 % der Befragten an, ein eigenes Mobiltelefon zu besitzen, 41 % eine eigene Spielkonsole, 34 % einen eigenen Fernseher, 22 % einen Internetzugang im eigenen Zimmer, 18 % einen eigenen Laptop, 9 % ein Tablet und 7 % einen Zugang zu einem Streamingdienst im eigenen Kinderzimmer (Feierabend et al., 2020b).

Die Nutzung verschiedener Internetanwendungen nimmt bereits in dieser Altersklasse einen hohen Stellenwert ein. So zeigen 6- bis 13-Jährige bei der Befragung zu allgemeinen Themeninteressen ein Interesse (interessiert oder sehr interessiert) an der Nutzung verschiedener Internetanwendungen. 71 % interessieren sich für Handys/Smartphones, 65 % für Internet/Computer/Laptop und 61 % für Computer-/Konsolen-/Onlinespiele. Dabei zeigen sich klare, geschlechterspezifische Unterschiede: Jungen weisen in all diesen Bereichen ein höheres Interesse auf als Mädchen. Während 45 % der Jungen sich sehr für Handys/Smartphones interessieren, sind es bei den Mädchen nur 36 %. Das hohe Interesse an Internet/Computer/Laptop liegt bei Jungen bei 38 %, wohingegen 26 % der Mädchen diese Medien sehr interessant finden. Bei Computer-/Konsolen-/Onlinespielen ist der Unterschied am deutlichsten erkennbar: 42 % der Jungen interessieren sich sehr dafür, während es bei den Mädchen lediglich 16 % sind (Feierabend et al., 2020b).

In Bezug auf Medienbeschäftigungen in der Freizeit, die regelmäßig (mindestens einmal pro Woche) ausgeübt werden, zeigen sich bei den 6- bis 13-Jährigen gravierende Unterschiede im Altersverlauf. Besonders groß sind die Veränderungen hinsichtlich des Computerspielens und der Smartphone-Nutzung. Während lediglich 36 % der Kinder im Alter von 6 und 7 Jahren regelmäßig Computerspiele spielen, verbringen ganze 75 % der 12- bis 13-Jährigen ihre Freizeit regelmäßig mit Computerspielen. Bei der Nutzung des Smartphones zeigt sich die Veränderung noch deutlicher: 27 % der 6- bis 7-Jährigen nutzen ihr Smartphone regelmäßig, wohingegen 96 % der Kinder zwischen 12 und 13 Jahren ihr Smartphone regelmäßig benutzen. Dabei ist ein deutlicher Zuwachs an der alleinigen Nutzung von Internet, Computerspielen, PC/Laptop, Smartphone und Tablet zu verzeichnen (Feierabend et al., 2020b).

Inhaltlich beschäftigen sich 6- bis 13-Jährige im Zuge von Internettätigkeiten insbesondere mit WhatsApp, der Nutzung von Suchmaschinen, Filmen/Videos und YouTube. Zu den beliebtesten, regelmäßig genutzten digitalen Spielen zählen FIFA, Minecraft, Die Sims, Mario Kart, Super Mario, Fortnite und Pokémon. Plattformen für soziale Medien, die bevorzugt genutzt werden, sind WhatsApp, TikTok, Instagram, Snapchat und Facebook (Feierabend et al., 2020b).

Auch wenn nicht jede Phase exzessiver Mediennutzung in einer Verhaltenssucht mündet, ist diese dennoch eine mögliche Folge. Ob es eine Internet- und Computerspielsucht bereits bei Kindern bis einschließlich Ende des Grundschulalters (etwa 10–11 Jahre) gibt, ist allerdings noch nicht ausreichend erforscht. Insbesondere das Kriterium des Kontrollverlusts ist bei Kindern schwierig zu beurteilen, da aus entwicklungspsychologischer Sicht noch keine eigenständige Kontrolle zu erwarten wäre. Deshalb konzentriert sich die Forschung in diesem Altersbereich insbesondere auf die riskante Nutzung (Definition in ▶ Kap. 1.2) von Computerspielen, Sozialen Netzwerken und Streamingdiensten.

Eine riskante Nutzung von Computerspielen, Sozialen Netzwerken und Streamingdiensten äußert sich im Kindesalter durch kognitive Beeinträchtigungen wie Aufmerksamkeitsstörungen und verminderte Gedächtnis- und Schulleistungen sowie soziale Probleme (Konflikte und Diskussionen mit Erziehungsberechtigten, Verpassen sozialer Lerngelegenheiten). Darüber hinaus sind Gereiztheit, Interessenverlust sowie Zeitdruck durch aufgeschobene Tätigkeiten weitere Kennzeichen in diesem Altersbereich (Evers-Wölk & Opielka, 2019).

1.1.3 Mediennutzung von Jugendlichen

Die meisten Jugendlichen erhalten ihr erstes eigenes Handy (in der Regel ein Smartphone) mit Eintritt in die weiterführende Schule oder kurz darauf, d.h. im Alter von etwa 11 Jahren. Analog steigt der Besitz weiterer digitaler Medien mit dem Alter. Bei einer querschnittlichen Basisuntersuchung zum Medienumgang 12- bis 19-Jähriger (JIM-Studie 2021; Feierabend et al., 2021) machten die Befragten folgende Angaben zum Besitz digitaler Medien: Ein Smartphone besitzen 94% der 12- bis 13-Jährigen, 90% der 14- bis 15-Jährigen, 92% der 16- bis 17-Jährigen und 96% der 18- bis 19-Jährigen. Mit Computer/Laptop ausgestattet sind 61% der 12- bis 13-Jährigen, 74% der 14- bis 15-Jährigen, 83% der 16- bis 17-Jährigen und 85% der 18- bis 19-Jährigen. Tragbare Spielkonsolen haben 39% der 12- bis 13-Jährigen, 35% der 14- bis 15-Jährigen, 33% der 16- bis 17-Jährigen sowie 42% der 18- bis 19-Jährigen. Über einen Smart-TV verfügen 27% der 12- bis 13-Jährigen, 35% der 14- bis 15-Jährigen, 32% der 16- bis 17-Jährigen und 37% der 18- bis 19-Jährigen (Feierabend et al., 2021, ▶ Abb.1.2).

In Bezug auf regelmäßige Medienbeschäftigungen in der Freizeit gaben 95% der Jugendlichen an, das Internet sowie das Smartphone täglich oder mehrmals die Woche zu nutzen. Online-Videos werden von 80% der Jugendlichen regelmäßig geschaut. 72% beschäftigen sich regelmäßig mit digitalen Spielen, wobei Jungen (84%) deutlich häufiger spielen als Mädchen (59%). 66% nutzen regelmäßig Video-Streaming-Dienste. Die tägliche Nutzungsdauer von Internetanwendungen steigt im Altersverlauf deutlich an. 12–13-Jährige beschäftigen sich durchschnittlich 160 Minuten täglich im Internet, 14- bis 15-Jährige 232 Minuten, 16- bis 17-Jährige 279 Minuten und 18- bis 19-Jährige 288 Minuten (Feierabend et al., 2021).

1.1 Erscheinungsbild der Internet- und Computerspielsucht

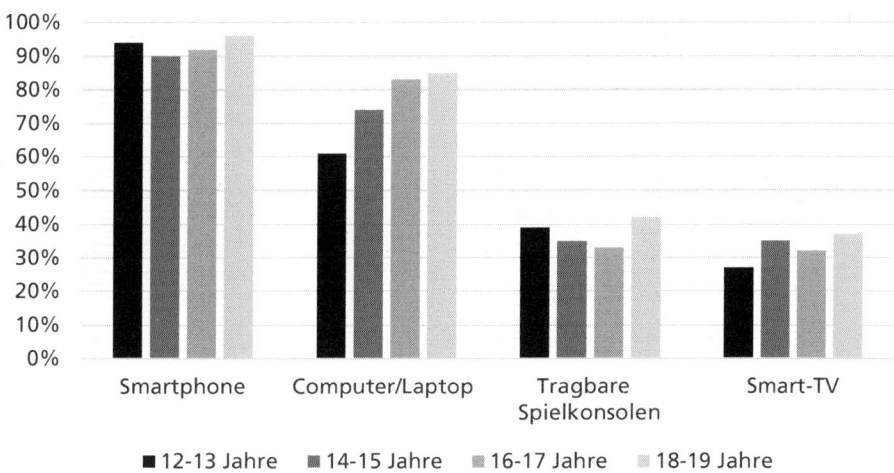

Abb. 1.2: Besitz digitaler Medien im Jugendalter (Feierabend et al., 2021).

WhatsApp ist die wichtigste Smartphone-App für Jugendliche. Darauf folgen Instagram, YouTube, TikTok, Snapchat, Spotify und Facebook. Bezüglich der Nutzung von Sendungen, Serien und Filmen im Internet liegen Netflix, YouTube, Amazon Prime, Mediatheken und Sky am weitesten vorne. Zu ihren digitalen Lieblingsspielen zählen Jugendliche Minecraft, FIFA, Fortnite, Call of Duty und GTA (Grand Theft Auto) (Feierabend et al., 2021). Während der COVID-19-Pandemie wurden Jugendliche nach dem Grund für das Computerspielverhalten und die Nutzung der Sozialen Netzwerke gefragt. Bezüglich des Computerspielverhaltens gaben 89 % an, aus Langeweile gespielt zu haben und 55 % beabsichtigten, dadurch ihre Sozialkontakte aufrechtzuerhalten. Ungefähr je ein Drittel gab als Nutzungsgrund das Entfliehen aus der Realität (38 %), Stressabbau (35 %) oder das Vergessen von Sorgen (30 %) an. Etwa 12 % berichteten, Gaming zum Abbau von Wut verwendet zu haben. Als Grund für die Nutzung von Sozialen Netzwerken gaben 89 % an, dadurch ihre Sozialkontakte aufrechtzuerhalten und 86 % nannten Langeweile als Grund. Circa ein Drittel der Befragten nannte das Vergessen von Sorgen (38 %), Stressabbau (36 %) und das Entfliehen der Realität (36 %) als Nutzungsgrund. 13 % nutzten die Sozialen Netzwerke, um Wut abzubauen (DAK-Gesundheit [Hrsg.], 2020).

Begleiterscheinungen einer Internet- und Computerspielsucht bei Jugendlichen zeigen sich häufig in Form von Problemen im schulischen, sozialen und gesundheitlichen Bereich. Zu den Problemen im schulischen Bereich zählen Konzentrations- und Aufmerksamkeitsschwierigkeiten, schulischer Leistungsabfall sowie Sitzenbleiben. Probleme im sozialen Bereich äußern sich durch sozialen Rückzug, das Vernachlässigen von sozialen Kontakten, Beziehungsabbrüche und Konflikte mit Peers und Familie. Gesundheitliche Beeinträchtigungen treten in Form von Schlafstörungen, Erschöpfung, Kopfschmerzen und Überlastung der Augen auf (Evers-Wölk & Opielka, 2019; Lindenberg et al. 2017; Lindenberg & Wartberg, 2022; Müller & Wölfling, 2017b).

1.2 Diagnostische Kriterien (ICD-11 und DSM-5)

Nachdem die American Psychiatric Association die »Internet Gaming Disorder« bereits 2013 als Forschungsdiagnose in das DSM-5 aufnahm (American Psychiatric Association, 2013), folgte 2018 die Aufnahme der »Gaming Disorder« (Code: 6C51) in die ICD-11 als neue Diagnose innerhalb der ebenfalls neuen Kategorie der »Störungen durch süchtiges Verhalten«. Diese wird gemeinsam mit den »Störungen durch Substanzkonsum« in der übergeordneten Kategorie »Störungen durch Substanzkonsum und süchtiges Verhalten« zusammengefasst (World Health Organization, 2018). Damit ist die Computerspielstörung das am besten erforschte und am deutlichsten klassifizierbare Störungsbild unter den Internetnutzungsstörungen. Die WHO erkennt dadurch an, dass es neben Störungen aufgrund des Konsums abhängigkeitserzeugender Substanzen auch Störungen gibt, die auf süchtiges Verhalten zurückzuführen sind.

Neben der »Computerspielstörung« (Gaming Disorder) wird auch die bereits in der ICD-10 enthaltene Diagnose der »Gambling Disorder« (Glücksspielstörung, 6C50) in der Kategorie »Störungen durch süchtiges Verhalten« gelistet. Die »Gaming Disorder« wird durch ein exzessives Maß an Computerspielnutzung – sowohl überwiegend online (6C51.0) als auch überwiegend offline (6C51.1) – charakterisiert und ist durch folgende drei Diagnosekriterien definiert:

- Kontrollverlust bezüglich Beginn, Beendigung, Intensität, Dauer und Kontext des Spielens
- Priorisierung des Computerspielens gegenüber anderen Aktivitäten und Pflichten
- Fortsetzung des Computerspielens trotz negativer Konsequenzen (resultierend in einer signifikanten Beeinträchtigung des Funktionsniveaus im persönlichen, familiären, sozialen, schulischen oder beruflichen Lebensbereich)

Zusätzlich zu diesen Kriterien muss das pathologische Computerspielverhalten über einen Zeitraum von mindestens 12 Monaten bestehen und das psychosoziale Funktionsniveau der Betroffenen dauerhaft belasten. Der Zeitraum von 12 Monaten kann jedoch auch immer dann vernachlässigt werden, wenn eine besonders schwerwiegende Symptomatik vorliegt, bei der alle Diagnosekriterien zutreffen (World Health Organization, 2018).

Anstelle von drei breiteren Kriterien in der ICD-11 werden im DSM-5 insgesamt 9 etwas enger definierte Kriterien für die »Internet Gaming Disorder« aufgeführt. Hierzu zählen die übermäßige Beschäftigung mit Computerspielen (Kriterium 1: Vereinnahmung), eine Entzugssymptomatik bei Wegfall des Computerspielens (Kriterium 2: Entzugssymptome), die Toleranzentwicklung (Kriterium 3: Toleranzentwicklung), der Kontrollverlust über das Computerspielen (Kriterium 4: Kontrollverlust), der Verlust an Interesse früherer Beschäftigungen (Kriterium 5: Interessensverlust), die Fortführung des exzessiven Computerspielens trotz negativer psychosozialer Folgen (Kriterium 6: Fortführung des Konsums trotz negativer Konsequenzen), das Täuschen von Bezugspersonen im Hinblick auf das Ausmaß des

Computerspielens (Kriterium 7: Verheimlichung des Konsumausmaßes), die Nutzung von Computerspielen zur Kompensation negativer Gefühle (Kriterium 8: Emotionsregulation) sowie die Gefährdung oder der Verlust wichtiger Beziehungen aufgrund des Computerspielens (Kriterium 9: Gefährdung wichtiger Beziehungen, American Psychiatric Association, 2013). Von diesen 9 Kriterien müssen mindestens 5 Kriterien in den letzten 12 Monaten erfüllt worden sein.

Tab. 1.1: Gegenüberstellung der diagnostischen Kriterien der »Störung durch Spielen von Internetspielen« nach DSM-5 (Abdruck erfolgt mit Genehmigung vom Hogrefe Verlag Göttingen aus dem Diagnostic and Statistical Manual of Mental Disorders, Fifth Edition, © 2013 American Psychiatric Association, dt. Version © 2018 Hogrefe Verlag.) und der »Gaming Disorder« nach ICD-11 (Word Health Organization, 2018. Von den Autorinnen aus der ICD-11 for Mortality and Morbidity Statistics ins Deutsche übersetzt. Die WHO ist nicht verantwortlich für den Inhalt oder die Richtigkeit dieser Übersetzung. Im Falle von Unstimmigkeiten zwischen der englischen Fassung und der Übersetzung ist die englische Originalfassung die verbindliche und authentische Fassung).

Störung durch Spielen von Internetspielen (DSM-5)	Gaming Disorder (ICD-11)
Dauerhafte und wiederkehrende Nutzung des Internets, um sich mit Spielen zu beschäftigen, häufig mit mehreren anderen Spielern, führt in klinisch bedeutsamer Weise zu Beeinträchtigungen oder Leiden, wobei mindestens fünf der folgenden Kriterien innerhalb eines Zeitraums von 12 Monaten vorliegen.	
1. Übermäßige Beschäftigung mit Internetspielen (Der Betroffene denkt über vorhergehende Spielaktivitäten nach oder beabsichtigt, das nächste Spiel zu spielen; das Spielen von Internetspielen wird zur Haupttätigkeit des Tages). Beachte: Diese Störung ist von Glücksspiel im Internet zu unterscheiden, das der Diagnose Störung durch Glücksspielen zuzuordnen ist.	1. Kontrollverlust über das Spielen (in Bezug auf Beginn, Frequenz, Intensität, Dauer, Beendigung und Kontext des Spielens.
2. Entzugssymptomatik, wenn das Spielen von Internetspielen wegfällt (Die Symptome werden typischerweise als Reizbarkeit, Ängstlichkeit oder Traurigkeit beschrieben, es finden sich jedoch keine körperlichen Zeichen eines pharmakologischen Entzugssyndroms).	2. Bevorzugung des Computerspielens gegenüber anderen Interessen und Alltagsaktivitäten.

Tab. 1.1: Gegenüberstellung der diagnostischen Kriterien der »Störung durch Spielen von Internetspielen« nach DSM-5 (Abdruck erfolgt mit Genehmigung vom Hogrefe Verlag Göttingen aus dem Diagnostic and Statistical Manual of Mental Disorders, Fifth Edition, © 2013 American Psychiatric Association, dt. Version © 2018 Hogrefe Verlag.) und der »Gaming Disorder« nach ICD-11 (Word Health Organization, 2018. Von den Autorinnen aus der ICD-11 for Mortality and Morbidity Statistics ins Deutsche übersetzt. Die WHO ist nicht verantwortlich für den Inhalt oder die Richtigkeit dieser Übersetzung. Im Falle von Unstimmigkeiten zwischen der englischen Fassung und der Übersetzung ist die englische Originalfassung die verbindliche und authentische Fassung). – Fortsetzung

Störung durch Spielen von Internetspielen (DSM-5)	Gaming Disorder (ICD-11)
3. Toleranzentwicklung – das Bedürfnis, zunehmend mehr Zeit mit dem Spielen von Internetspielen zu verbringen.	3. Fortsetzung oder Steigerung des Computerspielens trotz resultierender negativer Konsequenzen. Das Verhalten ist so schwerwiegend, dass es zu einer Beeinträchtigung in persönlichen, familiären, sozialen, schulischen oder beruflichen Funktionsbereichen führt.
4. Erfolglose Versuche, die Teilnahme an Internetspielen zu kontrollieren.	
5. Interessenverlust an früheren Hobbys und Freizeitbeschäftigungen als Ergebnis und mit Ausnahme des Spielens von Internetspielen.	
6. Fortgeführtes exzessives Spielen von Internetspielen trotz der Einsicht in die psychosozialen Folgen.	
7. Täuschen von Familienangehörigen, Therapeuten und anderen bezüglich des Umfangs des Spielens von Internetspielen.	
8. Nutzen von Internetspielen, um einer negativen Stimmungslage zu entfliehen oder sie abzuschwächen (z. B. Gefühl der Hilflosigkeit, Schuldgefühle, Ängstlichkeit).	
9. Gefährdung oder Verlust einer wichtigen Beziehung, der Arbeitsstelle oder Ausbildungs-/Karrieremöglichkeit aufgrund der Teilnahme an Internetspielen.	

Während es auf die Computerspielstörung bezogen inzwischen einheitliche Kriterien gibt, werden andere Formen von Internetnutzungsstörungen noch nicht explizit in den beiden diagnostischen Manualen aufgeführt. Für die süchtige Nutzung von Sozialen Netzwerken liegt die Empfehlung vor, diese, ebenso wie die Pornographie-Nutzungsstörung sowie die Shoppingstörung, als »sonstige näher bezeichnete Störungen durch Verhaltenssüchte« (6C5Y) in der ICD-11 einzuordnen. Die süchtige Nutzung von Streaming-Diensten kann nach ICD-11 als »Störungen durch Verhaltenssüchte, nicht näher bezeichnet« (6C5Z) klassifiziert werden (World Health Organization, 2018 in der aktuellen Übersetzung des BfArM vom 15.03.2023).

Bei süchtigen Verhaltensweisen ist analog zu Substanzgebrauchsstörungen grundlegend zwischen Abhängigkeit und riskantem Gebrauch zu differenzieren. Handelt es sich um riskante Verhaltensweisen, fallen diese unter die ICD-11 Kategorie »Probleme im Zusammenhang mit Gesundheitsverhalten« (vgl. »hazardous Gaming«, QE22; World Health Organization, 2018). Der riskante Gebrauch ist definiert als

> »Ein Muster des Computerspielens, entweder online oder offline, dass das Risiko schädlicher physischer oder psychischer Gesundheitsfolgen für die Person selbst oder für andere Personen in ihrem Umfeld deutlich erhöht. Das erhöhte Risiko kann durch die Häufigkeit des Computerspielens, durch den Zeitaufwand für diese Aktivität, durch die Vernachlässigung anderer Aktivitäten und Prioritäten, durch riskante Verhaltensweisen im Zusammenhang mit dem Computerspielen oder des Umfeldes, in dem Computerspiele gespielt werden, durch die negativen Folgen des Computerspielens oder durch eine Kombination dieser Faktoren entstehen. Das Computerspielverhalten wird oft beibehalten, obwohl man sich des erhöhten Risikos für die eigene Person oder für andere bewusst ist« (World Health Organization, 2018).

1.3 Überprüfung der Lernziele

- Was ist mit dem Begriff Internet- und Computerspielsucht gemeint und welche Störungsbilder sind in Bezug auf Kinder und Jugendliche besonders relevant?
- Wie äußert sich eine Internet- und Computerspielsucht in der Kindheit und im Jugendalter?
- Tim (17 Jahre) ist aufgrund der Konsequenzen seines Computerspielverhaltens besorgt. Was muss abgeklärt werden, um eine »Gaming Disorder« nach ICD-11 und eine »Internet Gaming Disorder« nach DSM-5 diagnostizieren zu können?

2 Epidemiologie, Verlauf und Folgen

Nachdem das Erscheinungsbild der Internet- und Computerspielsucht im ersten Kapitel beschrieben wurde, widmet sich das zweite Kapitel der Frage, wie viele Kinder und Jugendliche von dieser neuen Störung betroffen sind und mit wie vielen Patient*innen praktisch tätige Psychotherapeut*innen im Alltag zu rechnen haben. Darüber hinaus wird die Frage nach der Stabilität der Symptomatik aufgegriffen und es wird diskutiert, ob eine Behandlung notwendig ist, oder ob sich die Störung einfach »auswachsen« kann.

Der 13-jährige Marlon wird in einer psychotherapeutischen Ambulanz vorstellig. Er besucht die siebte Klasse eines Gymnasiums und lebt gemeinsam mit seinen Eltern und seinem 5 Jahre alten Bruder. Vorstellig wird er aufgrund von Lernschwierigkeiten und problematischem Computerspielkonsum: Seine Noten seien in letzter Zeit schlechter geworden, woraufhin die Versetzung in die achte Klasse nur knapp erfolgt sei. Außerdem gebe es viele Konflikte zwischen ihm und seinen Eltern bezüglich der Handy- und Spielekonsolennutzung. Die Eltern beschreiben Marlon als »spielsüchtig«: Digitale Spiele seien das Einzige, für das er sich wirklich motivieren und begeistern könne. Dabei sei er bisher sozial gut integriert und sei auch anderen Interessen (Fußball & Lesen) nachgegangen. Im Moment spiele er am Tag bis zu drei Stunden Computerspiele. Die Dauer würde er selbst auf 6–8 Stunden pro Tag steigern, wenn die Eltern nicht so strikt wären. Doch auch so verschaffe sich Marlon immer wieder Zugang zu den verschlossenen Geräten, lasse Mahlzeiten zugunsten des Computerspielens ausfallen und führe den Computerspielkonsum fort, trotz der daraus resultierenden familiären Konflikte. Davon abgesehen liege Marlon mittlerweile viel im Bett, gehe nicht raus und lebe insbesondere seit des pandemiebedingten Lockdowns sehr zurückgezogen. Darüber hinaus berichtet Marlon, dass er regelmäßig sehr spät einschlafe.

Nach Durchführung eines diagnostischen Interviews zeigt sich, dass Marlon fünf von neun Diagnosekriterien für eine Computerspielstörung laut DSM-5 erfüllt: gedankliche Vereinnahmung, Toleranzentwicklung, Kontrollverlust, Fortsetzung trotz negativer Konsequenzen sowie Gefährdung oder Verlust wichtiger Beziehungen, der Arbeitsstelle oder Ausbildungs-/Karrieremöglichkeiten aufgrund des Computerspielens. Davon abgesehen liegt bei Marlon eine leichte depressive Episode vor. Um die Computerspielstörung zu behandeln und nicht zuletzt, um die negativen Folgen (Interessensverlust, familiäre Konflikte, Leistungsabfall) zu verringern, wird Marlon in der Ambulanz kognitiv-verhaltenstherapeutisch behandelt. Der Behandlungsplan für Marlon beinhaltet zunächst folgende Punkte: 1) Motivationsaufbau, 2) Psychoedukation (Teufelskreislauf Gaming/Internetnutzung, Depression allgemein, Prokrastination), 3) Ressourcenaktivierung sowie Führen eines Stimmungs-/Aktivitätentagebuchs. Dies soll Marlon dabei helfen, in Zukunft mehr Motivation für die Schule aufbringen zu können, weniger Konflikte mit den Eltern zu haben und weniger Rückzug und Müdigkeit zu zeigen und nicht zuletzt, seinen (Drang zum) Computerspielkonsum zu reduzieren.

Lernziele

- Sie kennen aktuelle Prävalenzschätzungen von Internet- und Computerspielsucht bei Kindern und Jugendlichen in Deutschland.
- Sie wissen, wie viele von Internet- und Computerspielsucht betroffene Jugendliche laut aktuellen Schätzungen auch noch ein Jahr später von Internet- und Computerspielsucht betroffen sind.
- Sie wissen, mit welchen Folgen Internet- und Computerspielsucht assoziiert ist, wenn die Sucht unbehandelt bleibt.

2.1 Epidemiologie der Internet- und Computerspielsucht

Viele Studien sind der Frage nachgegangen, wie viele Personen von einer Internet- und Computerspielsucht betroffen sind. Wie in ▶ Kap. 1 beschrieben, beziehen wir uns mit dem Sammelbegriff der Internet- und Computerspielsucht auf die pathologische Nutzung von (1) Computerspielen, (2) Sozialen Netzwerken und (3) Streamingdiensten.

2.1.1 Epidemiologie der verschiedenen Nutzungsformen

Schätzungen aus Metaanalysen mit Studien aus 31 Ländern, die sowohl Erwachsene als auch Jugendliche untersuchten, gehen von einer Prävalenz zwischen 6,0 % und 7,0 % für die Internet- und Computerspielsucht aus (Cheng & Li, 2014; Pan, Chiu & Lin, 2020). Die geschätzte Prävalenz von Internet- und Computerspielsucht bei Jugendlichen in Deutschland liegt aktuell zwischen 3 % und 6 % (Lindenberg et al., 2018; Rumpf et al., 2014; Wartberg et al., 2015; Wartberg, Kriston & Thomasius, 2017). Dabei ist davon auszugehen, dass die Prävalenz höher ist als für die untergeordneten Einzelkonstrukte (Computerspielstörung, Soziale-Netzwerke-Nutzungsstörung und Streaming-Störung).

Erste Studien zur klinischen Prävalenz von Internet- und Computerspielsucht bei Kindern und Jugendlichen erhoben die Symptome via Selbstbericht (Müller, Ammerschläger, Freisleder, Beutel & Wölfling, 2012; So et al., 2017; So et al., 2019) und teilweise zusätzlich mit klinischen Interviews (Yar, Gündoğdu, Tural & Memik, 2019). In diesen klinischen Stichproben von Kindern und Jugendlichen lagen die Prävalenzschätzungen für die Internet- und Computerspielsucht zwischen 11,2 % und 24,1 % (Müller et al., 2012; So et al., 2017; So et al., 2019; Yar et al., 2019).

Zur Schätzung der Inzidenz von Internet- und Computerspielsucht gibt es bisher sehr wenige Studien. In einer deutschen Studie wurde eine Zwei-Jahres-Inzidenz von 2,2 % bei Jugendlichen zwischen 13 und 17 Jahren, die zu Beginn keine Internetsucht aufwiesen, berichtet (Strittmatter et al., 2016).

Computerspielstörung

Die Prävalenz einer Computerspielstörung beläuft sich laut einer Metaanalyse bei Jugendlichen auf 4,6 %. Allerdings liegt auch hier eine breite Streuung der einzelnen Prävalenzschätzungen vor. So beliefen sich diese auf Werte zwischen 0,6 % und 19,9 %. Die meisten Studien berichten jedoch geringe Prävalenzschätzungen (6 % und darunter; Fam, 2018).

Studienlage

In Deutschland ermittelten Rehbein, Kliem, Baier, Mößle und Petry (2015) mithilfe der Computerspielabhängigkeitsskala (CSAS), einem eher konservativen Fragebogen, eine Prävalenz von 1,2 % bei n=11.003 Neuntklässler*innen im Alter von 13 bis 18 Jahren. Wartberg, Kriston und Thomasius (2020) fanden bei n=1.001 Jugendlichen im Alter von 12 bis 17 Jahren eine Prävalenz von 3,5 %, die anhand der Internet Gaming Disorder Scale (IGDS) ermittelt wurde.

Die klinische Prävalenz der Computerspielstörung wurde bisher kaum untersucht. In einer deutschen Studie konnte allerdings via Selbstbericht (CSAS) bei n = 177 Jugendlichen zwischen 11 und 17 Jahren in ambulanter psychotherapeutischer Behandlung eine klinische Prävalenzschätzung von 4,0 % ermittelt werden. Im Fremdbericht (Elternurteil) lag die Prävalenz sogar bei 14,0 %. Die wahre Prävalenz wird sich sehr wahrscheinlich auf einen Wert zwischen den beiden Schätzungen belaufen (Kewitz, Vonderlin, Wartberg & Lindenberg, 2021).

Soziale-Netzwerke-Nutzungsstörung

In der oben genannten Studie von Wartberg et al. (2020) wurde für die Soziale-Netzwerke-Nutzungsstörung eine Prävalenz von 2,6 % ermittelt. Nur ein kleiner Teil der Jugendlichen (0,5 %) wies eine kombinierte Sucht für Computerspiele und soziale Medien auf.

Streaming-Störung

Zur Prävalenz der Streaming-Störung gibt es noch keine zuverlässigen Schätzungen. Bekannt ist, dass 58% bis 72% der US-amerikanischen Erwachsenen angaben, dass sie regelmäßig exzessives Streaming ausüben, in Form von Binge-Watching (mind. zwei bis sechs Episoden einer Fernsehserie am Stück schauen). Exzessive Nutzung kann dabei als Risikofaktor für eine Streaming-Störung verstanden werden. Beim Binge-Watching zeigen sich bisher keine Geschlechtsunterschiede in der Häufigkeit des Binge-Watchings, lediglich in den Inhalten der Serien, die geschaut werden (Starosta & Izydorczyk, 2020). Studien für das Kindes- und Jugendalter, insbesondere im Zusammenhang mit suchtartiger Nutzung von Streaming-Diensten, stehen weitgehend aus.

2.1.2 Rolle der Perspektive

Die hier berichteten Prävalenzschätzungen beruhen überwiegend auf Selbstberichtsdaten via Fragebögen. Nur in wenigen Studien wurde auch das Elternurteil erhoben. Es zeigte sich, dass bei nicht-klinischen Stichproben Eltern und Kinder ähnliche Einschätzungen abgeben (Wartberg, Kriston, Bröning, Kegel & Thomasius, 2017). In klinischen Stichproben liegen die Einschätzungen hingegen weit auseinander, wobei Eltern im Fremdbericht deutlich mehr Symptome berichten als Kinder und Jugendliche im Selbstbericht (Kewitz et al., 2021; Szász-Janocha, Vonderlin & Lindenberg, 2020a). Deutlich konservativer als Selbst- und Fremdberichtsfragebögen sind Interviewverfahren. Die Abhängigkeit der Ergebnisse von der Erhebungsmethode und Beurteilungsperspektive zeigt deutlich die Relevanz von Expert*innen-Ratings für valide klinische Diagnosen.

2.1.3 Einflüsse des Geschlechts

Die Prävalenz von Internet- und Computerspielsucht im Allgemeinen ist nicht geschlechterabhängig (Lindenberg et al., 2018; Rumpf et al., 2014; Wartberg et al., 2015; Wartberg, Kriston, Bröning et al., 2017). Im Gegensatz dazu zeigen sich bei der Häufigkeit der spezifischen Nutzungsformen Geschlechterunterschiede: Eine Vielzahl an Studien zeigt, dass primär Jungen von einer Computerspielstörung betroffen sind (Fam, 2018; Mihara & Higuchi, 2017; Paulus, Ohmann, von Gontard & Popow, 2018). Bei 12- bis 17-Jährigen fanden Wartberg et al. (2020), dass Jungen im Vergleich zu Mädchen (5,9% versus 1,0%) deutlich häufiger eine Computerspielstörung aufweisen. Gleichzeitig beobachteten sie für die Soziale-Netzwerke-Nutzungsstörung keine signifikanten Unterschiede zwischen den Geschlechtern – dennoch waren deskriptiv mehr Mädchen (3,4%) als Jungen (1,9%) von der Soziale-Netzwerke-Nutzungsstörung betroffen. Für nicht-binäre Personen liegen noch keine ausreichenden Daten vor.

2.1.4 Kulturelle Einflüsse

In den meisten Studien werden höhere Prävalenzen für östliche Länder berichtet als für westliche (Cheng & Li, 2014; Pan et al., 2020). Nichtsdestotrotz stellt dieser Unterschied in einer Metaanalyse keinen signifikanten Prädiktor für die Prävalenz von Internet- und Computerspielsucht dar (Pan et al., 2020). Auch Fam (2018) geht davon aus, dass die Unterschiede in den Prävalenzschätzungen zum Teil über methodische Unterschiede erklärt werden können.

Cheng und Li (2014) fanden, dass in Ländern mit geringerer Lebenszufriedenheit, höherer Umweltverschmutzung, höherer Pendelzeit und geringerem Bruttoinlandsprodukt die Prävalenzen von Internet- und Computerspielsucht höher sind. Auch Błachnio et al. (2019) untersuchten in neun Ländern ($n=3.279$) die Einflüsse von Kultur auf Internet- und Computerspielsucht. Sie fanden keinen Zusammenhang von Individualismus/Kollektivismus und der Prävalenz von Internet- und Computerspielsucht. Querschnittlich war sozialer Fortschritt mit Internet- und Computerspielsucht assoziiert, ebenso wie geringere Gesundheit und geringeres Wohlbefinden. Bei Maßen wie Bildung oder persönlicher Freiheit wurden hingegen keine Zusammenhänge mit Internet- und Computerspielsucht gefunden.

Zusammengefasst gibt es deskriptive Unterschiede zwischen verschiedenen Ländern und Regionen bezüglich der Prävalenz von Internet- und Computerspielsucht. Die etwaigen kulturellen oder methodischen Ursachen für diese Unterschiede können allerdings noch nicht abschließend erklärt werden.

2.1.5 Rolle des Alters

Internet- und Computerspielsucht ist ein Störungsbild, das v.a. im Kindes- und Jugendalter auftritt (Festl, Scharkow & Quandt, 2013) und dementsprechend auch der Beginn der Störung in diesen Altersbereich fällt. Prävalenzstudien zeigen, dass die Internet- und Computerspielsucht bei Jugendlichen deutlich häufiger auftritt als in der Gesamtpopulation (Rumpf, Meyer, Kreuzer & John, 2011). Eine Studie an 5.387 Kindern, Jugendlichen und jungen Erwachsenen im Alter von 11 bis 21 Jahren zeigt einen Anstieg der Internet- und Computerspielsucht von 2,8 % bei den 11- bis 12-Jährigen, bis 9,1 % bei den 19- bis 21-Jährigen. Der Anstieg ist dabei nicht linear und zeigt einen weiteren, etwas kleineren Gipfel bei 15- bis 16-Jährigen mit einer Prävalenz von 7,6 % (▶ Abb. 2.1; Lindenberg et al., 2018). Eine der wenigen Studien, die Kinder ($n=1.271$) zwischen 4 und 8 Jahren ($M=5,8$) in Deutschland untersuchte, fand eine Prävalenz der Computerspielstörung von 2,5 % bei Jungen und 1,4 % bei Mädchen (Paulus, Sinzig, Mayer, Weber & von Gontard, 2018). Kewitz et al. (2021) untersuchten $n=145$ Kinder zwischen 5 und 10 Jahren, die sich aufgrund von anderen Diagnosen in ambulanter psychotherapeutischer Behandlung befanden. Die Autor*innen fanden, dass laut Elternbericht 4,1 % verdachtsdiagnostisch von einer Computerspielstörung betroffen waren. Auch wenn die Rate geringer war als bei den 11- bis 17-jährigen Patient*innen (14,0 % laut Elternurteil), deutet dies darauf hin, dass die Symptomatik offensichtlich bereits im Grundschulalter auftreten kann, wenn auch in geringerer Häufigkeit als im Jugendalter. Gleichzeitig ist anzumerken, dass die verwendeten Kriterien nicht ausreichend für diesen jungen Altersbereich validiert sind und insbesondere das Kriterium des Kontrollverlusts bei jüngeren Kindern entwicklungsbedingt zu diskutieren ist.

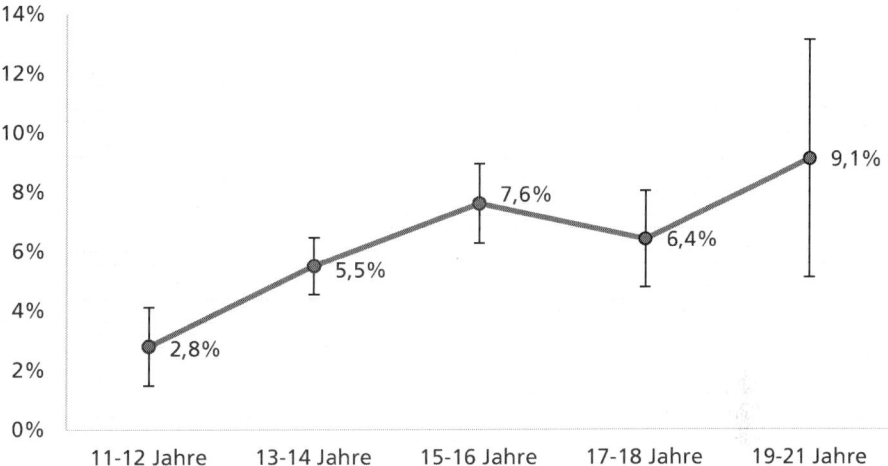

Abb. 2.1: Altersverlauf der Prävalenz von Internet- und Computerspielsucht, nach Lindenberg et al. (2018).

Zusammenfassend lässt sich festhalten, dass sich die Prävalenzen analog zu den Nutzungsgewohnheiten entwickeln. Dementsprechend zeigen sich im mittleren Jugendalter sowie im jungen Erwachsenenalter Erkrankungsgipfel der Internet- und Computerspielsucht.

2.2 Verlauf und Stabilität der Internet- und Computerspielsucht

Von Grant, Potenza, Weinstein und Gorelick (2010) wird angenommen, dass für Verhaltenssüchte – also auch für die Internet- und Computerspielsucht – ein chronischer Verlauf mit Rückfällen charakteristisch ist, sich die Verhaltenssucht gleichzeitig aber auch bei vielen Betroffenen eigenständig und ohne Behandlung bessert.

Im Einklang damit weisen laut einer aktuellen Metaanalyse 50 % der Betroffenen von Internet- und Computerspielsucht noch ein Jahr später eine entsprechende Diagnose auf. Dabei wurden Daten aus neun Studien integriert, die überwiegend Jugendlichen-Stichproben untersuchten. In der Metaanalyse zeigte sich darüber hinaus, dass die Persistenz der Störung in östlichen Ländern höher ist als in westlichen Ländern. In Letzteren liegt die Persistenz-Quote lediglich bei 28 % (Dahl & Bergmark, 2020).

Damit einhergehend berichten Wartberg und Lindenberg (2020), dass in einer Studie mit $n=134$ betroffenen Jugendlichen in Deutschland die Persistenz der Internet- und Computerspielsucht über ein Jahr ebenfalls bei 28,4 % lag. Dementsprechend remittierten 71,6 % der Jugendlichen innerhalb eines Jahres spontan. Die Remission konnte in einer multivariaten Analyse am besten durch weniger maladaptive Emotionsregulationsstrategien vorhergesagt werden. Analog berichten Strittmatter et al. (2016), dass die Schwere der Internetsucht und emotionale Probleme signifikante Prädiktoren für Internet- und Computerspielsucht ein bis zwei Jahre später sind. Abgesehen von den Einflüssen der Emotionen konnte in einer chinesischen Stichprobe die Remission der Internetsucht durch Selbstwirksamkeit und Selbstwert vorhergesagt werden, ebenso wie durch eine Zunahme im Selbstwert, positiven Affekt und durch Unterstützung der Familie. Komponenten des Health Belief Models (eigene Wahrnehmung, schwer von Internetsucht betroffen zu sein; wahrgenommene Anfälligkeit für Internetsucht; wahrgenommenes Hindernis, um Internetnutzung zu reduzieren; Hinweis der Eltern, Internetnutzung zu reduzieren), Depression und soziale Ängstlichkeit sagten Remission von Internetsucht hingegen negativ vorher. Ebenso konnte eine Zunahme an Depression, sozialer Ängstlichkeit und Einsamkeit Remission negativ vorhersagen (Lau, Wu, Gross, Cheng & Lau, 2017). Diese Befunde zeigen, dass der Verlauf von Internet- und Computerspielsucht modifizierbar ist und damit auch die Chancen für Genesung beeinflusst werden können.

Zusammengefasst ist die spontane Remission umso wahrscheinlicher, wenn folgende Variablen in einem hohen Maße vorliegen: Selbstwirksamkeit und Selbstwert sowie eine Zunahme an Selbstwert, positivem Affekt und Unterstützung der Familie. Auf der anderen Seite sollten die folgenden Variablen in möglichst geringem Maße vorliegen, damit damit sich die Symptome der Suchterkrankung verbessern: maladaptive Emotionsregulationsstrategien, emotionale Probleme, Depression und soziale Ängstlichkeit und Einsamkeit. Darüber hinaus ist es wahrscheinlich, dass eine geringe Symptomatik und eine geringe Erkrankungsdauer die Spontanremissionschancen erhöhen, während eine schwere Symptomatik und lange Erkrankungsdauer eine Spontangenesung unwahrscheinlicher machen.

Zur Stabilität der reinen Computerspielstörung berichten Mihara und Higuchi (2017) in einem systematischen Review von inkonsistenten Befunden, die auf eine hohe bis geringe Stabilität der Computerspielstörung hindeuten. Aus klinischer Sicht ist tendenziell von einer höheren Persistenz bei der Computerspielstörung im Vergleich zu anderen Nutzungsformen (soziale Netzwerke oder Streaming) auszugehen, da sie eher mit schwereren Verläufen assoziiert ist und Computerspiele typischerweise mehr intermittierend-verstärkende Abhängigkeitsmechanismen enthalten als andere Internetnutzungsformen.

Insgesamt kann festgehalten werden, dass in Deutschland circa 7 von 10 Jugendlichen, die von ersten Symptomen einer Internet- und Computerspielsucht betroffen sind, innerhalb eines Jahres auch ohne Behandlung wieder genesen. Umgekehrt persistiert die Störung aber auch bei einem nicht zu vernachlässigenden Teil der Betroffenen, die dann ein großes Chronifizierungsrisiko tragen, und deren Verläufe vermutlich umso günstiger wären, je früher psychotherapeutisch gegengesteuert würde. Deshalb sollte in jedem Falle frühzeitig eine diagnostische Untersuchung zur Indikationsklärung einer psychotherapeutischen Maßnahme erfolgen.

2.3 Folgen der Internet- und Computerspielsucht

Nach Betrachtung des natürlichen Verlaufs der Internet- und Computerspielsucht stellt sich nun die Frage, welche negativen Konsequenzen aufgrund der Störung zu erwarten sind, wenn diese unbehandelt bleibt. Im Folgenden werden psychologische, soziale, gesundheitliche, neurobiologische sowie monetäre und schulische Folgen näher beleuchtet (▶ Tab. 2.1).

2.3.1 Psychologische Folgen

Als psychologische Folgen von Computerspiel- und Internetsucht wurden insbesondere internalisierende Störungen, ADHS Symptome, emotionale Probleme und andere Suchterkrankungen untersucht. Depression und (soziale) Angststörungen wurden im Rahmen von Längsschnittstudien als mögliche Folgen einer Computerspielstörung im Kindes- und Jugendalter identifiziert. Bei vorhandener Komorbidität verbessern sich die Symptome von internalisierenden Störungen, wenn das Individuum nicht mehr pathologisch Computerspiele spielt. Folglich beeinflusst eine Computerspielstörung auch den Verlauf anderer Störungen (D. A. Gentile et al., 2011; Wartberg, Kriston, Zieglmeier, Lincoln & Kammerl, 2018). Die Befunde zur Auslösung oder Verstärkung von Depressionen sind nicht auf Computerspiele beschränkt, sondern zeigen sich auch als Folge von suchtartiger Facebook-Nutzung (Brailovskaia, Rohmann, Bierhoff, Margraf & Köllner, 2019). Der Einfluss zwischen Internet- und Computerspielsucht sowie internalisierenden Störungen scheint dabei bidirektional zu sein. Internalisierende Störungen wurden nicht nur als Folge von sondern auch als Prädiktor für Computerspiel- und Internetabhängigkeit gefunden. Eine Studie an jugendlichen Patient*innen mit Depressionen und sozialer Ängstlichkeit zeigt, dass diese im Vergleich zu gesunden Kontrollproband*innen ein erhöhtes Risiko aufweisen, ein Jahr später an einer Internet- und Computerspielsucht zu erkranken (Leo, Kewitz, Wartberg & Lindenberg, 2021).

Analog dazu wird auch ein bidirektionaler Zusammenhang zwischen Aufmerksamkeitsproblemen/Impulsivität und einer Computerspielstörung berichtet (Bargeron & Hormes, 2017). Da die Aufmerksamkeitsdefizit-/Hyperaktivitätsstörung (ADHS) eine neurobiologische Erkrankung ist, kann häufiges Computerspielen die Störung nicht auslösen. Befunde zeigen jedoch, dass sich die impulsive und aufmerksamkeitsgestörte Problematik verstärken kann, wenn Betroffene mit entsprechender Veranlagung viel Computerspiele spielen. Darüber hinaus zeigen Betroffene einer Computerspielstörung reduzierte kognitive Kontrolle (Blinka et al., 2015; Khang, Kim & Kim, 2013; Koo & Kwon, 2014). Gleichzeitig ist ADHS ein gut gesicherter Prädiktor für ein erhöhtes Risiko von Internet- und Computerspielsucht (Carli et al., 2013; B.-Q. Wang, Yao, Zhou, Liu & Lv, 2017). Demnach sind Aufmerksamkeitsprobleme und Impulsivität zugleich Prädiktor für und Folge von Internet- und Computerspielsucht (D. A. Gentile, Swing, Lim & Khoo, 2012). Für eine Übersicht siehe Lindenberg und Basten (2021).

Darüber hinaus sind Individuen mit einer Computerspielstörung emotional stark belastet. Sie berichten retrospektiv über eine höhere Gereiztheit, weniger Ruhe und mehr Traurigkeit in Folge des exzessiven Computerspielens. Ebenso geben Betroffene an, im Vergleich zu gesunden Individuen, mehr unter psychologischen, körperlichen oder beiden (psychologischen und körperlichen) Folgen aufgrund des Computerspielens zu leiden (Achab et al., 2011). Ähnliche Muster konnten auch für problematischen Smartphone-Gebrauch beobachtet werden (Busch & McCarthy, 2021).

Nicht zuletzt konnte in einer überwiegend erwachsenen Stichprobe die Computerspielstörung pathologisches Glücksspiel zwei Jahre später vorhersagen (Molde et al., 2019). Zusammenhänge wurden zudem mit anderen Suchterkrankungen untersucht. Für die Internet- und Computerspielsucht konnte gezeigt werden, dass diese einen Risikofaktor für problematischen Alkoholkonsum sechs Monate später darstellt (Gámez-Guadix, Calvete, Orue & Las Hayas, 2015).

2.3.2 Soziale Folgen

Internet- und Computerspielsucht kann das Sozialverhalten von Betroffenen negativ beeinflussen. So kann zunächst die Beziehung zu den Eltern unter der Internet- und Computerspielsucht leiden. Studien konnten in diesem Zusammenhang zeigen, dass die Beziehung zu den Eltern als Folge von einer Computerspielstörung beeinträchtigt ist (D. A. Gentile et al., 2011). Für problematischen Smartphone-Gebrauch wurde ein Zusammenhang mit verringertem Vertrauen und erhöhter Entfremdung gegenüber den Eltern berichtet (Busch & McCarthy, 2021).

Davon abgesehen können Freundschaften durch die Internet- und Computerspielsucht beeinträchtigt werden. Betroffene zeigen eine herabgesetzte »Fähigkeit, enge Beziehungen einzugehen« (Bischof, Bischof, Meyer, John & Rumpf, 2013, S. 6). Darüber hinaus wurde in einer Studie gezeigt, dass pathologisches Gaming bei Jugendlichen Einsamkeit ein Jahr später signifikant vorhersagen kann (Lemmens, Valkenburg & Peter, 2011). Dieser Zusammenhang ist reziprok, d. h., einsame Jugendliche haben auch ein erhöhtes Risiko zur Erkrankung an einer Internet- und Computerspielsucht (Lemmens et al., 2011). In Bezug auf Offline-Freundschaften untersuchten Utz, Jonas und Tonkens (2012) bei Erwachsenen den Zusammenhang von besessener Leidenschaft (*obsessive passion*) für MMORPG-Spiele (*Massively Multiplayer Online Role-Playing Games*) und sozialen Beziehungen. Dabei waren die Kriterien für besessene Leidenschaft ähnlich den Abhängigkeitskriterien für eine Computerspielstörung. Besessene Leidenschaft für das Spielen konnte die Anzahl und Qualität an Offline-Freundschaften negativ vorhersagen. Obwohl im selben Zuge mehr Online-Freundschaften berichtet wurden, gingen diese nicht mit einer erhöhten Qualität einher.

2.3.3 Gesundheitliche Folgen

Eine Folge von Internet- und Computerspielsucht, die wiederholt berichtet wird, ist ein beeinträchtigter Schlaf. Da ein Symptom der Internet- und Computerspielsucht die verminderte Kontrolle über den Konsum darstellt, liegt es nahe, dass Betroffene ihren Konsum auch nachts nicht gut begrenzen können (Alimoradi et al., 2019). So konnte in einer Längsschnittstudie mit Kindern und Jugendlichen ein gestörter Schlafrhythmus als Folge von Internet- und Computerspielsucht beobachtet werden. Auf der anderen Seite gibt es Hinweise, dass Dyssomnien eine Internet- und Computerspielsucht vorhersagen können, was darüber erklärt werden könnte, dass Individuen, die nicht schlafen können, die Zeit mit digitalen Medien füllen (Chen & Gau, 2016).

Spezifisch für den Zusammenhang von exzessivem Computerspielen und Schlafverhalten wurde berichtet, dass abhängige MMORPG-Spielende weniger schlafen, weniger erholsamen Schlaf bekommen und eine erhöhte Tagschläfrigkeit aufweisen im Vergleich zu nicht-abhängigen MMORPG-Spielenden (Achab et al., 2011). Davon abgesehen konnten Individuen in einer experimentellen Untersuchung nach dem Spielen von aufregenden Computerspielen schlechter schlafen als nach dem Lösen von einfachen digitalen Kontroll-Aufgaben (z. B. kürzere REM-Schlafphase, längere Einschlafphase; Higuchi, Motohashi, Liu & Maeda, 2005).

Ähnliche Befunde liegen zur Nutzung von sozialen Medien sowie zur problematischen Smartphone-Nutzung vor (Alonzo, Hussain, Stranges & Anderson, 2021; Busch & McCarthy, 2021). In einem Review wurde berichtet, dass bei Jugendlichen und jungen Erwachsenen die Nutzung von sozialen Medien geringe Schlafqualität vorhersagen konnte. So kann die Nutzung von sozialen Medien kurz vor dem Einschlafen den Zeitpunkt des Einschlafens hinauszögern und die Schlafdauer reduzieren (Alonzo et al., 2021). Dabei ist zu erwarten (ebenso wie beim Computerspielen), dass dieses Muster bei abhängiger Nutzung mindestens genauso und evtl. sogar verstärkt vorliegt.

Neben den Schlafstörungen als Folge von Internet- und Computerspielsucht gibt es Hinweise darauf, dass Internetsucht Übergewicht vorhersagen kann. So konnte bei iranischen Jugendlichen ein Zusammenhang zwischen Internet- und Computerspielsucht mit dem Body Mass Index (BMI) gefunden werden. Dabei wurde der Zusammenhang diskutiert, ob Internet- und Computerspielsucht zu geringerer Schlafqualität, weniger körperlicher Aktivität und höherem Fast-Food-Konsum führe. Diese Variablen sagen wiederum einen höheren BMI vorher (Tabatabaee, Rezaianzadeh & Jamshidi, 2018). Ähnliche Ergebnisse wurden in sieben europäischen Ländern, darunter auch Deutschland, sowie in der Türkei berichtet (Bozkurt, Özer, Şahin & Sönmezgöz, 2018; Canan et al., 2014; Tsitsika et al., 2016). Allerdings zeigte sich der Zusammenhang von Internet- und Computerspielsucht mit Übergewicht als wenig robust (Tsitsika et al., 2016). Zu berücksichtigen bleibt, dass auch diese Studien auf querschnittlichen Daten beruhen und die Kausalität entsprechend nicht belegt ist. So gibt es auf der anderen Seite auch Hinweise, dass ein hoher BMI als Risikofaktor für die Entwicklung einer Internetsucht fungieren könne. Demnach zögen sich übergewichtige Jugendliche eher in die virtuelle Welt zurück und liefen eher Gefahr, sich im Sinne einer Abhängigkeit darin zu verlieren (A. Gentile, Servidio, Caci & Boca, 2021).

Als dritter gesundheitsrelevanter Faktor neben Schlaf und Übergewicht wurden Schmerzen im Bewegungsapparat gefunden. Dieser Zusammenhang könnte darauf zurückzuführen sein, dass während der Internet- und Computerspielnutzung häufig eine starre, ungünstige Position eingenommen wird, die über längere Dauer nicht geändert wird (Benchebra, Alexandre, Dubernet, Fatséas & Auriacombe, 2019; Yang et al., 2019).

2.3.4 Neurobiologische Folgen

Bereits in den 1990er Jahren wurden die Effekte von Videospielerfahrung auf das kindliche Gehirn untersucht. Insbesondere für das Spielen von Action-Videospielen liegen eine Reihe an positiven Befunden vor, die zeigen, dass sich bestimmte kognitive Funktionen zunächst verbessern. So berichten Bavelier und Green (2019) in einem Übersichtsartikel z. B. von schnelleren Reaktionszeiten bei Videospielenden (Gamern) im Vergleich zu Personen, die wenig Videospiele spielen (Nicht-Gamern). Dieser Unterschied ließ sich besser über schnellere Informationsverarbeitung erklären als über schnellere Motorik. Zudem berichten sie sowohl für Erwachsene als auch für Jugendliche von neuronalen Veränderungen auf verschiedenen Ebenen der Verarbeitung, sowohl im motorischen als auch im sensorischen Bereich. Dabei wurde erhöhte Integrität der weißen Substanz für visuelle und motorische Pfade bei Gamern im Vergleich zu Nicht-Gamern gefunden. Diese Veränderung war wiederum direkt mit einer Veränderung der Verarbeitungsgeschwindigkeit assoziiert. Und auch auf höherer Ebene konnten Action-Videospiele zu Veränderungen führen: So zeigte sich bei Probanden nach zweimonatigem Spielen von Super Mario 64 ein erhöhtes Volumen von grauer Substanz im rechten präfrontalen Kortex. Ähnliches wurde für Jugendliche berichtet.

All diese Effekte sind jedoch auf Action-Videospiele und Genres, die diesem ähnlich sind (z. B. MOBA), beschränkt. Mögliche Voraussetzungen für die Effekte könnten laut Bavelier und Green (2019) (1) Pacing des Spiels sein (Entscheidungen müssen unter Zeitdruck getroffen werden), (2) die Notwendigkeit für geteilte Aufmerksamkeit, sodass zwischen relevanter Information und Distraktoren unterschieden werden muss, sowie (3) die Notwendigkeit, zwischen verschiedenen Verarbeitungsmechanismen zu wechseln (geteilte Aufmerksamkeit zu fokussierter Aufmerksamkeit, etc.). Im Vergleich zu diesen positiven Befunden finden Bailey, West und Anderson (2010) hingegen bei $n=51$ erwachsenen Männern keinen Unterschied zwischen Gamern und Nicht-Gamern für reaktive Aufmerksamkeit und Ausblenden aufgabenirrelevanter Informationen. Hingegen finden sie bei den Gamern eine verschlechterte proaktive (vorbereitende) Aufmerksamkeit. Bei all diesen Befunden bleibt der Transfer in den Alltag ungeklärt.

Im Gegensatz zu den bisher aufgeführten Befunden, beschäftigten sich andere Studien mit den neurobiologischen Folgen von suchtartigem Internet- und Computerspielkonsum. Hier lassen sich Parallelen zu anderen Suchterkrankungen ziehen. Z. B. wurde berichtet, dass unter $n=52$ Studierenden exzessive Gamer reduzierte

Fehlersensitivität zeigten. In einer EEG-Studie konnte gezeigt werden, dass Gamer in einer Go/No-Go-Aufgabe im Vergleich zu Nicht-Gamern reduzierte Error-Related Negativity (ERN) aufwiesen. ERN ist mit unbewusster Fehlerverarbeitung assoziiert. Dieses Muster ähnelt Befunden zu Impulskontrollstörungen und substanzbezogenen Störungen. Kausalität konnte in dieser Studie allerdings nicht gezeigt werden (Littel et al., 2012).

Längsschnittliche Befunde liefert eine Studie von D. Lee, Namkoong, Lee und Jung (2021). Sie untersuchten $n=18$ gesunde junge Männer und $n=18$ junge Männer mit einer Computerspielstörung. Die Probanden blieben dabei konstant (nicht) betroffen von Computerspielstörung über einen Zeitraum von einem Jahr. Die Autor*innen fanden u. a., dass Probanden mit einer Computerspielstörung ein geringeres Volumen der grauen Substanz im anterioren, cingulären Kortex (ACC) und anterioren mittleren cingulären Kortex (aMCC) aufwiesen, verglichen mit den gesunden Kontroll-Probanden. Da dies allerdings zu beiden Messzeitpunkten, also sowohl in der ersten Erhebung als auch ein Jahr später beobachtet wurde, gehen die Autor*innen davon aus, dass es sich bei dieser Veränderung eher um eine neurobiologische Prädisposition für die Computerspielstörung handelt als um eine Folge. Hierbei muss jedoch berücksichtigt werden, dass die Probanden nicht vor Beginn ihrer Computerspielstörung untersucht wurden. In jedem Fall zeigen die Ergebnisse, dass die Computerspielstörung mit einem geschwächten präfrontalen Kortex assoziiert ist. Darüber hinaus fanden die Autor*innen, dass die funktionale Konnektivität zwischen dem linken dorsalen Putamen (Teil des Striatums) und dem medialen präfrontalen Kortex (mPFC) im Follow-Up bei Computerspielstörungs-Betroffenen herabgesetzt war, verglichen mit den gesunden Kontroll-Probanden. Dies ist konsistent mit Suchtmodellen (▶ Kap. 5), die reduzierte präfrontale Kontrolle für Betroffene annehmen. Der mPFC ist z. B. wichtig für langfristig orientierte Handlungen und deren Aufrechterhaltung über einen längeren Zeitraum. Der Befund impliziert also, dass eine Computerspielstörung langfristige Zielorientierung erschweren könnte. Außerdem fanden die Autoren zum Follow-Up eine erhöhte funktionale Konnektivität vom rechten dorsalen Putamen und dem rechten mittleren okzipitalen Gyrus (MOG) bei Betroffenen einer Computerspielstörung, verglichen mit gesunden Kontroll-Probanden. Der MOG wurde mit visio-räumlicher Verarbeitung assoziiert, während das dorsale Putamen mit sensomotorischer Verarbeitung assoziiert ist, was wiederum für den Aufbau von Gewohnheiten verantwortlich ist. Dies würde die Hypothese unterstützen, dass es einen Zusammenhang von der Verstärkung des sensomotorischen Netzwerks mit dem Aufbau und der Aufrechterhaltung von der Computerspielstörung gibt (D. Lee et al., 2021).

Insgesamt kann festgehalten werden, dass die neurobiologischen Folgen der Internet- und Computerspielsucht ähnliche Muster aufweisen wie bei anderen Süchten.

2.3.5 Monetäre und schulische Folgen

Insbesondere Free2Play-Spiele regen zu In-App-Käufen an, die den Spielfortschritt verbessern, der alternativ durch langes Spielen hart erarbeitet werden müsste. Je nach Spiel können sogar nur durch solche Käufe Highscores erzielt werden. Davon abgesehen ermöglichen In-App-Käufe auch, das Aussehen (Skins) der Avatare zu verändern. Häufig werden die Cosmetic Items in sogenannten Loot-Boxen angeboten, deren Inhalt unbekannt ist. Ähnlich wie bei Panini-Sammelbildern kann man mit seinem Set Glück haben und wertvolle Dinge erhalten oder eben Pech haben, wenn die Box nur mit wenig wertvollem Inhalt gefüllt ist. Die Grenzen zwischen Computerspiel und Glücksspiel weichen sich an dieser Stelle zunehmend auf. Da das ökonomische Konzept der Spieleherstellenden in diesen Mikrotransaktionen verankert ist, sind diese In-App-Käufe sehr leicht und schnell auch versehentlich über einen Klick zu tätigen. Es ist wahrscheinlich, dass Kinder und Jugendliche mit Internet- und Computerspielsucht mehr Geld für Videospiele ausgeben als ursprünglich beabsichtigt. Grundsätzlich gaben 2020 13% der in Deutschland lebenden Jugendlichen an, »schon mal versehentlich etwas beim Spielen gekauft [oder] abonniert zu haben« (Feierabend, Rathgeb, Kheredmand & Glöckler, 2020a, S. 59). Auch in sozialen Medien werden In-App-Käufe zunehmend einfacher, z. B. durch die Shopping-Funktion in Apps wie Instagram.

Abgesehen von monetären Folgen sind im Kindes- und Jugendalter die schulischen Konsequenzen ein ernstzunehmendes Problem. Längsschnittliche Studien zeigen, dass die Computerspielstörung negativ mit schulischer Leistung zusammenhängt (D. A. Gentile et al., 2011). Querschnittlich liegen diese Daten auch für Internet- und Computerspielsucht im Allgemeinen vor (Brunborg, Mentzoni & Frøyland, 2014; Müller et al., 2015; Tsitsika et al., 2011). Dieser Zusammenhang kann unterschiedliche Ursachen haben. Einerseits könnte es darauf zurückzuführen sein, dass, wie oben beschrieben, Betroffene von Internet- und Computerspielsucht weniger schlafen und deswegen in der Schule schlechter aufpassen können. Andererseits kann der vermehrte Internetkonsum auch zu Schulabsentismus führen (Austin & Totaro, 2011; Tsitsika et al., 2011) oder es könnte bei geringer Ausprägung die Zeit für Hausaufgaben und das Lernen zu Hause fehlen (Sert Ağır, 2019). Diese Erklärung bedeutet: Zeit, die eigentlich mit schulischen Pflichten verbracht werden sollte, wird stattdessen im Internet verbracht und wirkt sich direkt negativ auf die schulische Leistung aus. Abgesehen davon gibt es Hinweise darauf, dass Internet- und Computerspielsucht und Prokrastination positiv miteinander korrelieren (Kindt, Szász-Janocha, Rehbein & Lindenberg, 2019). Auch dieser Zusammenhang könnte gute Leistungen in der Schule zusätzlich erschweren.

Befunde bezüglich der Schulform und Internet- und Computerspielsucht sind weniger eindeutig: Auf der einen Seite wird von einem Zusammenhang zwischen höheren Prävalenzen und einem höheren akademischen Niveau berichtet (Bakken, Wenzel, Götestam, Johansson & Oren, 2009), während auf der anderen Seite der gegenteilige Zusammenhang berichtet wird (Rehbein, Kliem et al., 2015). Dabei ist allerdings zu beachten, dass die Schulform nicht unabhängig vom Alter ist und somit konfundierte Effekte vorliegen könnten (Lindenberg et al., 2018). So konnten Lindenberg et al. (2018) unter Kontrolle des Alters keinen signifikanten Einfluss vom Schulniveau auf Internet- und Computerspielsucht finden. Auch lassen sich keine bedeutenden Unterschiede bezüglich der Häufigkeit der Nutzung von digitalen Spielen, sozialen Medien und Streaming-Diensten in Abhängigkeit vom (angestrebten) Schulabschluss bei Jugendlichen finden. Bei der Dauer der Nutzung zeigt sich allerdings, dass Jugendliche, »die einen höheren Schulabschluss erreicht haben oder anstreben« (Forsa, 2021, S. 24), werktags und am Wochenende weniger Zeit mit digitalen Spielen, sozialen Medien und Streaming-Diensten verbringen als Jugendliche, »die einen geringeren Schulabschluss erreicht haben oder voraussichtlich erreichen werden« (Forsa, 2021, S. 24).

Abgesehen von schulischen Problemen hängt Internet- und Computerspielsucht mit Arbeitslosigkeit zusammen (Beutel, Hoch, Wölfling & Müller, 2011; Rumpf et al., 2014). So waren ca. 22 % der Patient*innen, die in einer Ambulanz für Betroffene von Internet- und Computerspielsucht vorstellig wurden, arbeitslos (Lindenberg, Szász-Janocha, Schoenmaekers, Wehrmann & Vonderlin, 2017). Darüber hinaus kann Internet- und Computerspielsucht zu Arbeitsunfähigkeit und mehr Tagen vollständiger Arbeitsunfähigkeit aufgrund von Internetnutzung führen (Bischof et al., 2013).

Tab. 2.1: Zusammenfassung der Folgen der Internet- und Computerspielsucht.

	Internet- und Computerspielsucht	Spezifische Nutzungsform
Psychologische Folgen	• Internalisierende Störungen (bidirektional)	• Depressionen (suchtartige Facebook-Nutzung) • Depressionen, Angststörungen und soziale Angststörungen (Computerspielstörung)
	• Aufmerksamkeitsprobleme und Impulsivität (bidirektional)	• Verstärkte impulsive und aufmerksamkeitsgestörte Problematik bei ADHS (durch Computerspielen) • reduzierte kognitive Kontrolle (Computerspielstörung)
	• Erhöhte psychologische, körperliche oder psychologische und körperliche Belastung	• Emotionale Belastung (höhere Gereiztheit, weniger Ruhe, mehr Traurigkeit in Folge von exzessivem Computerspielen)
	• Problematischer Alkoholkonsum	• Pathologisches Glücksspiel (Computerspielstörung)
Soziale Folgen	• Beeinträchtigte Beziehung zu den Eltern • Einsamkeit (bidirektional) • Geringere Fähigkeit zum Eingehen enger Beziehungen • Peerbeziehungsprobleme (als Folge von erhöhter Onlinezeit)	• Verringertes Vertrauen und erhöhte Entfremdung gegenüber den Eltern (problematischer Smartphone-Gebrauch) • Verringerte Anzahl und Qualität an Offline-Freundschaften (suchtartiges MMORPG-Spielen)
Gesundheitliche Folgen	• Beeinträchtigter Schlaf	• Weniger Schlaf, weniger erholsamer Schlaf & erhöhte Tagschläfrigkeit (suchtartiges MMORPG-Spielen) • Beeinträchtigter Schlaf nach dem Spielen von aufregenden Computerspielen (z. B. kürzere

Tab. 2.1: Zusammenfassung der Folgen der Internet- und Computerspielsucht. – Fortsetzung

	Internet- und Computerspielsucht	Spezifische Nutzungsform
	• Übergewicht • Schmerzen im Bewegungsapparat	REM-Schlafphase, längere Einschlafphase) • Geringere Schlafqualität nach Nutzung von sozialen Medien
Neurobiologische Folgen		• Reduzierte Fehlersensitivität (reduzierte Error-Related Negativity; Computerspielstörung) • Geringeres Volumen der grauen Substanz im anterioren, cingulären Kortex (ACC) und anterioren mittleren cingulären Kortex (aMCC) → geschwächter präfrontaler Kortex (evtl. eher Prädisposition einer Computerspielstörung) • Herabgesetzte funktionale Konnektivität zwischen dem linken dorsalen Putamen und dem medialen präfrontalen Kortex (mPFC) → reduzierte präfrontale Kontrolle (Computerspielstörung) • Erhöhte funktionale Konnektivität vom rechten dorsalen Putamen und dem rechten mittleren okzipitalen Gyrus (MOG) → Zusammenhang der Verstärkung des sensomotorischen Netzwerks mit dem Aufbau und der Aufrechterhaltung der Computerspielstörung
Monetäre & Schulische Folgen	• Wahrscheinlich erhöhte Ausgaben für Videospiele & soziale Medien als ursprünglich beabsichtigt (durch vereinfachte In-App-Käufe, etc.) • Beeinträchtigte schulische Leistungen • Schulabsentismus • Fehlende Zeit für Hausaufgaben und das Lernen zu Hause • Erhöhte Prokrastination • Gemischte Befunde bzgl. Schulniveau • Arbeitslosigkeit	

2.4 Überprüfung der Lernziele

- Wie lauten aktuelle Prävalenzschätzungen von Internet- und Computerspielsucht bei Kindern und Jugendlichen in Deutschland?
- Wie viele von Internet- und Computerspielsucht betroffene Jugendliche sind laut aktuellen Schätzungen auch noch ein Jahr später von Internet- und Computerspielsucht betroffen?
- Mit welchen Folgen ist Internet- und Computerspielsucht assoziiert, wenn die Sucht unbehandelt bleibt?

3 Komorbidität und Differenzialdiagnostik

Die 15-jährige Alexandra erscheint in einer psychotherapeutischen Ambulanz. Sie habe großen Leidensdruck aufgrund vielfacher Belastungen. Sie habe Probleme mit der Emotionsregulation und häufig Wutausbrüche gegenüber den Eltern. Sie fühle sich schnell gereizt, sei sehr niedergeschlagen und traurig, habe wenig Antrieb und nur noch wenig Interesse an früheren Aktivitäten wie beispielsweise dem Turnen. Wenn sie sehr gestresst sei, verletze sie sich gelegentlich mit einer Rasierklinge an den Armen. Sie habe zudem sehr große Sorge davor, sich zu »überfressen« und die Kontrolle über das Essen zu verlieren, deshalb esse sie sehr restriktiv und habe in letzter Zeit absichtlich an Gewicht verloren. Der BMI liegt bei 17,2. Ein- bis zweimal im Monat erbreche sie selbstinduziert nach subjektiven Binge-Eating Attacken. Von Freunden ziehe sie sich zunehmend zurück und berichtet von ausgeprägten Ängsten, bewertet zu werden und im Zentrum der Aufmerksamkeit zu stehen. Durchschnittlich etwa 6 bis 7 Stunden am Tag flüchte sie immer wieder in digitale Welten, um sich der Realität zu entziehen. Dabei nutze sie insbesondere Soziale Netzwerke wie Instagram und TikTok. Im Selbstbericht erfüllt sie sechs von neun Kriterien einer Soziale-Netzwerke-Nutzungsstörung: gedankliche Vereinnahmung durch soziale Medien; Entzugssymptomatik, wenn diese nicht zur Verfügung stehen; Nutzung von sozialen Medien, um negative Gefühle zu kompensieren; Täuschung von Familienangehörigen, Therapeut*innen und anderen bezüglich des Ausmaßes der Nutzung von sozialen Medien; Interessensverlust bei früheren Hobbys oder Freizeitbeschäftigungen als Folge der Nutzung von sozialen Medien sowie Kontrollverlust. Auch aus Elternperspektive erfüllt Alexandra sechs von neun Kriterien (wenn auch im Einzelnen etwas abweichende Kriterien beschrieben werden). Die Eltern beschreiben eine konfliktreiche Beziehung zu ihrer Tochter sowie zwischen Alexandra und ihren Geschwistern. Sie isoliere sich zunehmend und distanziere sich auch von ehemaligen Freunden. Darüber hinaus übe sie frühere Hobbys nicht mehr aus. Trotzdem sei der Internetkonsum weder den Eltern noch Alexandra selbst im Besonderen aufgefallen. In Summe liegen bei Alexandra folgende Diagnosen vor:

- F32.2 Schwere depressive Episode ohne psychotische Symptome
- F40.1 Soziale Phobie
- F50.1 Atypische Anorexia nervosa mit Erbrechen
- F63.8 Soziale-Netzwerke-Nutzungsstörung

Symptome von Verhaltenssüchten oder riskanter Mediennutzung werden leicht übersehen, wenn nicht gezielt danach gefragt wird. Wie in diesem Fallbeispiel kann jedoch das Wissen über eine vorliegende, komorbide Verhaltenssucht bzw. eine gesundheitsschädliche Verhaltensweise hilfreich sein, um Aufrechterhaltungsmechanismen besser zu verstehen und die komorbide Symptomatik im Therapieplan zu beachten, auch wenn diese nicht primärer Vorstellungsanlass war.

Dass Verhaltenssüchte eine eigenständige Störungskategorie in der ICD-11 bilden und auch ohne Komorbiditäten auftreten, impliziert grundsätzlich, dass diese nicht ausschließlich durch andere Störungen ausgelöst werden. Nichtsdestotrotz tritt die Internet- und Computerspielsucht ähnlich wie auch andere (Verhaltens-) Suchterkrankungen (Armstrong & Costello, 2002) häufig komorbid mit anderen psychischen Störungen auf. Dabei wird eine Breite an psychischen Störungen berichtet und die Internet- und Computerspielsucht tritt sowohl isoliert als auch komorbid mit internalisierenden sowie externalisierenden Störungen auf. Die Störungen, die am häufigsten mit Internet- und Computerspielsucht assoziiert sind, sind ADHS, depressive Störungen und Angststörungen, darunter v. a. soziale Angststörungen (Franke et al., 2018; Lindenberg et al., 2017; Masi et al., 2020; So et al., 2017; Taranto, Goracci, Bolognesi, Borghini & Fagiolini, 2015; Wartberg & Kammerl, 2020). Die Kenntnis über verbreitete Komorbiditäten einer Störung ist insofern wichtig, als dass bei Vorliegen der einen Störung besonders aufmerksam geprüft werden sollte, ob auch die andere Störung vorliegt, ob diese differenzialdiagnostisch abgegrenzt werden kann oder ob sich die Störungen vielleicht gegenseitig bedingen oder aufrechterhalten. Für eine optimale Behandlung sollte dementsprechend eine möglichst präzise Diagnostik angestellt werden, um dann den Behandlungsplan entsprechend auszugestalten und an den richtigen Stellen priorisieren zu können. Bisher gibt es keine Empfehlung für eine Behandlungshierarchie bei Internet- und Computerspielsucht, die komorbid mit anderen Störungen auftreten, sodass im Einzelfall entschieden werden muss. Im vorliegenden Fallbeispiel wurden zunächst die schwere Depression, die Essstörung und die soziale Phobie stationär behandelt. In der daran anschließenden ambulanten Therapie nannte Alexandra als weiteres Therapieziel den Umgang mit der exzessiven Nutzung sozialer Medien, die sie selbst als Vermeidungs- und Emotionsregulationsverhalten bezeichnete.

Im optimalen Falle könnten sich durch Behandlung der einen Störung auch bereits Symptome der anderen Störung verbessern. Ob das im Einzelnen bei den im Folgenden genannten Komorbiditäten der Fall ist, ist bisher kaum erforscht. Erste Hinweise darauf gibt es aber z. B. für eine leitliniengetreue ADHS-Therapie bei komorbider Computerspielstörung (J. Lee, Bae, Kim & Han, 2021).

Lernziele

- Sie kennen häufig auftretende Komorbiditäten von Internet- und Computerspielsucht.

- Sie können Internet- und Computerspielsucht von Störungsbildern mit überlappenden Erscheinungsformen unterscheiden.

3.1 Andere (Verhaltens-)Suchterkrankungen

Eine naheliegende Assoziation besteht zwischen der Internet- und Computerspielsucht und anderen (Verhaltens-)Suchterkrankungen. So konnte bei 16- bis 74-Jährigen problematisches Gaming problematisches Glücksspiel zwei Jahre später vorhersagen. Ein umgekehrter Zusammenhang konnte hingegen nicht gefunden werden, was nahelegt, dass Computerspielen als Einstiegsverhalten zum pathologischen Glücksspiel zu verstehen ist (Molde et al., 2019). Dies ist aus entwicklungspsychologischer Perspektive nachvollziehbar, da Computerspiele bereits für jüngere Populationen verfügbar sind als Glücksspiele, für die es eine juristische Altersgrenze von 18 Jahren gibt.

Davon abgesehen konnte bei $n=801$ spanischen Jugendlichen gezeigt werden, dass das Auftreten negativer Folgen von Internetnutzung (als ein Teilaspekt von Internetsucht) einen Anstieg von problematischem Alkoholkonsum sechs Monate später vorhersagen konnte (Gámez-Guadix et al., 2015). Morioka et al. (2017) formulierten für diesen Zusammenhang die Hypothesen, dass problematischer Alkoholkonsum und problematische Internetnutzung beide durch dieselben psychosozialen Faktoren bedingt würden und dass beide Süchte Symptome derselben Probleme seien. Davon abgesehen könnten in den serotonergen und dopaminergen Neurotransmitter-Systemen psychophysiologische Zusammenhänge sowohl mit Alkohol- als auch mit Internetsucht bestehen. Alternativ gehen sie davon aus, dass der Zusammenhang über eine dritte Störung erklärt werden könnte, die wiederum sowohl mit Internet- als auch mit Alkoholsucht zusammenhinge. Als Beispiel nennen sie hier Schlafstörungen. Die Autor*innen gehen am Ende davon aus, dass die verschiedenen Süchte Symptome derselben zugrundeliegenden Störung seien und z. B. jeweils durch eine verringerte emotionale Kontrolle ausgelöst würden (Morioka et al., 2017).

Darüber hinaus konnte in einer weiteren Studie gezeigt werden, dass Jungen, die Nikotin, Alkohol und Cannabis konsumierten, mehr als doppelt so wahrscheinlich problematisches Gaming-Verhalten zeigten als Jungen, die die genannten Substanzen nicht konsumierten (van Rooij et al., 2014). Auch in einer Studie bei Jugendlichen in Deutschland konnte ein Zusammenhang zwischen einer Computerspielstörung mit pathologischem Glücksspiel und Cannabis-Konsum gefunden werden (Walther, Morgenstern & Hanewinkel, 2012). Insgesamt gibt es allerdings gemischte Befunde zum Zusammenhang von einer Computerspielstörung und Nikotin- sowie Alkoholkonsum (Brunborg et al., 2014; Walther et al., 2012).

3.2 Internalisierende Störungen (Depressive Störungen & Angststörungen, insbesondere soziale Angststörungen)

Depressive Störungen und (soziale) Angststörungen zählen zu den häufigsten Störungen unter Kindern und Jugendlichen in Deutschland. Für depressive Symptome wird z. B. eine Prävalenz von 8,2 % in einer repräsentativen Stichprobe bei 12- bis 17-Jährigen berichtet (Wartberg, Kriston & Thomasius, 2018). Mehrfach wurden Zusammenhänge zwischen internalisierenden Störungen und Internet- und Computerspielsucht berichtet (Lindenberg et al., 2017; Masi et al., 2020). So zählen internalisierende Störungen zu den häufigsten Komorbiditäten von Internet- und Computerspielsucht (Bozkurt, Coskun, Ayaydin, Adak & Zoroglu, 2013). Der Zusammenhang von Internet- und Computerspielsucht mit internalisierenden Störungen könnte über gemeinsame Pathomechanismen der Belohnungsverarbeitung und der Emotionsregulation erklärt werden (Lindenberg & Holtmann, 2021; Reilly et al., 2020; Wartberg & Lindenberg, 2020).

Becks kognitive Theorie der Depression betont die Rolle von maladaptiver Emotionsregulation, die durch negative Kognitionen verursacht wird, in der Entwicklung und Aufrechterhaltung von Depression (Beck, 1986). Als dysfunktionale Emotionsregulationsstrategie ist sozialer Rückzug mit einem Verlust an positiven Verstärkern assoziiert. Dieser Verstärkerverlust scheint wiederum eine bedeutende Ursache sowie ein aufrechterhaltender Faktor der Depression zu sein (Lewinsohn, 1974). Die Nutzung von Computerspielen und dem Internet wirkt unmittelbar belohnend bei geringer Antriebserfordernis. Deshalb ist sie für Betroffene von Depression eine kurzfristige Kompensationsstrategie zur Emotionsregulation.

Bei sozialer Ängstlichkeit zeigen Individuen geringere Erwartungen in Bezug auf soziale Interaktionen (Clark & Wells, 1995), sodass entsprechende Situationen vermieden werden. Dieses Vermeidungsverhalten stellt eine bedeutende Ursache und einen aufrechterhaltenden Faktor von sozialer Ängstlichkeit dar (z. B. Givon-Benjio, Oren-Yagoda, Aderka & Okon-Singer, 2020) und führt schließlich zu sozialem Rückzug und dadurch zu einem Belohnungsdefizit von sozialen Interaktionen.

Emotionsregulation und Belohnungsverarbeitung scheinen ebenfalls eine wichtige Rolle bei der Entwicklung von Verhaltenssüchten zu spielen (Lindenberg et al., 2020). Internet- und Computerspielsucht scheint stark mit maladaptiven Emotionsregulationsstrategien assoziiert zu sein, welche wiederum einen starken aufrechterhaltenden Faktor von problematischem Internetkonsum darstellen (Kökönyei et al., 2019; Lindenberg et al., 2020; Lindenberg & Holtmann, 2021). Es wird angenommen, dass eine exzessive Internetnutzung die individuelle Belohnungssensitivität und -erwartung erhöht (Lindenberg & Holtmann, 2021; Wölfling, Jo, Bengesser, Beutel & Müller, 2013; Zheng et al., 2019). Da Jugendliche mehr Zeit im Internet verbringen und generell vermehrt digitale Medien nutzen, werden die Ressourcen für Belohnungserfahrungen vom realen Leben auf Online-Aktivitäten verlagert. Dies führt allmählich zu einer Priorisierung von Gaming oder Internetaktivitäten gegenüber anderen Aktivitäten (was ein Kernsymptom von Internetsucht ist). Durch die bloße Wiederholung des Verhaltens (häufige Internetnutzung) wird eine neue Gewohnheit aufgebaut, um eine kurzfristige Belohnung (Befriedigung, *Gratifikation*) zu erhalten (verhaltenstherapeutisch ein C+). Gleichzeitig scheint das Belohnungserleben über die Zeit abzuflachen, sodass das anfängliche Gratifikationserleben einem Kompensationserleben weicht. Damit ist gemeint, dass Betroffene durch die Internetnutzung keine Gratifikation mehr erleben, sondern stattdessen überwiegend negative Emotionszustände und Belohnungsdefizite lindern (*Compensation*, verhaltenstherapeutisch ein ₵-; Lindenberg et al., 2020).

Nach einem von Leo et al. (2021) formulierten Modell scheint die maladaptive Belohnungsverarbeitung ein gemeinsamer Faktor zu sein, der sowohl mit internalisierenden Störungen als auch mit Verhaltenssüchten zusammenhängt (▶ Abb. 3.1). Aufgrund des Belohnungsmangels im realen Leben und des Mangels an alternativen, funktionalen Bewältigungsstrategien gehen die Autor*innen davon aus, dass Personen, die unter Depressionen oder sozialen Angststörungen leiden, insbesondere Internetaktivitäten als sehr effektiv bei der Regulierung ihrer negativen Emotionen erleben. Die Internetaktivität bietet eine sofortige, zuverlässige und starke Belohnung sowie eine negative Verstärkung durch die Verringerung des emotionalen Stresses. Dieser Prozess ist mühelos immer verfügbar und wahrt eine sichere soziale Distanz zu anderen (Leo et al., 2021).

Da vergleichbare Belohnungen im wirklichen Leben (durch soziale oder körperliche Aktivitäten) viel schwieriger zu erreichen sind, werden die Betroffenen zunehmend weniger motiviert, nach solchen Belohnungen zu streben. Dies erhöht die Wahrscheinlichkeit, dass sie das Internet vorrangig nutzen, um ihr inneres psychisches Gleichgewicht wiederzuerlangen und zu bewahren. Dadurch werden sowohl depressive Symptome (aufgrund des Verlusts an Bestätigung in der realen Welt) als auch soziale Angstsymptome (aufgrund der Vermeidung sozialer Interaktionen in der realen Welt) aufrechterhalten oder verstärkt (Leo et al., 2021).

Darüber hinaus verschiebt sich mit zunehmender gewohnheitsmäßiger Nutzung von Internetaktivitäten zur Regulierung von Emotionen die anfängliche Befriedigungserfahrung in eine Kompensationserfahrung (Brand et al., 2019) und verursacht Craving-Symptome. Dieser »liking versus wanting«-Mechanismus (s. o.: Gratifikation vs. Kompensation) wurde in neurobiologischen Studien, die sich mit Verhaltenssüchten befassen, wiederholt nachgewiesen (für eine Übersicht siehe Lindenberg & Basten, 2021). In Anlehnung an das kognitiv-behaviorale Ätiologiemodell von PROTECT (Professioneller Umgang mit technischen Medien; Lindenberg et al., 2020) kann eine vermehrte Nutzung von Online-Anwendungen schließlich zu einem Teufelskreis führen. In diesem Teufelskreis verbringen Personen immer mehr Zeit online, um negativen Konsequenzen zu entgehen, was zur Entwicklung von Symptomen einer Internetsucht führt (d. h. Kontrollverlust, Fortführung trotz negativer Konsequenzen).

In ihrer Studie konnten Leo et al. (2021) zeigen, dass das Vorliegen von klinisch relevanter Depression und sozialer Ängstlichkeit (gemäß Selbstbericht der Jugendlichen) die Symptomschwere von Internet- und Computerspielsucht ein Jahr später vorhersagen konnte. Auch weitere Befunde legen nahe, dass Depressionen und soziale Ängste die Entwicklung von Internet- und Computerspielsucht begünstigen (Gámez-Guadix, 2014; Ko, Yen, Chen, Yeh & Yen, 2009; Vadher et al., 2019).

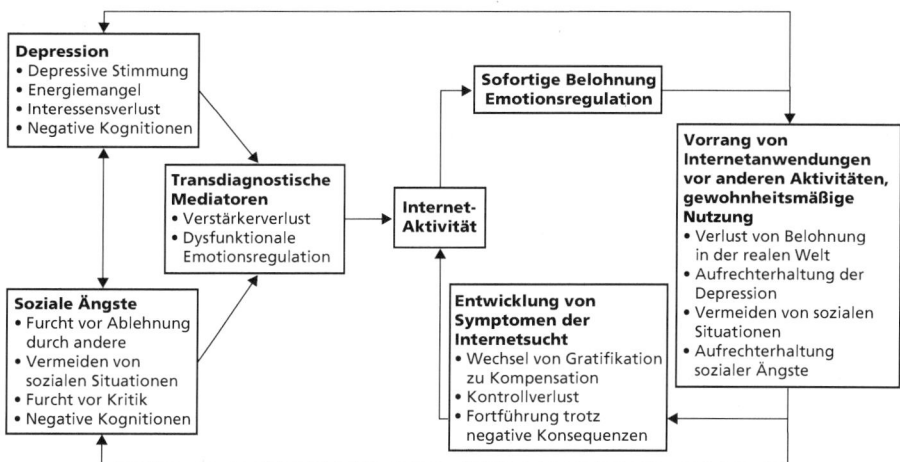

Abb. 3.1: Modell über die Wirkmechanismen der Risikofaktoren Depression und soziale Ängstlichkeit für Symptome einer Internet- und Computerspielsucht nach Leo et al. (2021).

Gleichzeitig zeigen andere Studien, dass Internet- und Computerspielsucht internalisierende Symptome verstärken kann (Brailovskaia et al., 2019; Wartberg, Kriston, Zieglmeier et al., 2018) bzw. eine reziproke Beziehung zwischen Depression und einer Computerspielstörung besteht, wobei Depression einen stärkeren Einfluss auf die spätere Computerspielstörung nimmt als andersherum, was das postulierte Modell von Leo et al. (2021) zusätzlich unterstützt (Jeong et al., 2019; L. Liu et al., 2018).

Dieser postulierte Zusammenhang von internalisierenden Störungen mit Internet- und Computerspielsucht ist insofern bedeutend, als dass Individuen mit einer Computerspielstörung und komorbider Depression stärker psychisch belastet sind als Individuen mit »reiner« Computerspielstörung (H. R. Wang, Cho & Kim, 2018). Dementsprechend besteht besonderer Behandlungsbedarf. Darüber hinaus deuten die Befunde darauf hin, dass Depression und soziale Ängstlichkeit als Risikofaktoren für das Ausbilden einer Internet- und Computerspielsucht zu interpretieren sind, wenngleich es zusätzliche Befunde gibt, die zeigen, dass internalisierende Symptome auch Folgeerscheinungen der Internet- und Computerspielsucht sein können (Wartberg, Kriston, Zieglmeier et al., 2018). Zu hoffen wäre, dass wenn die transdiagnostischen Faktoren (Verstärkerverlust und maladaptive Emotionsregulation) bereits früh behandelt werden, erst gar keine Internet- und Computerspielsucht entsteht. Gleichzeitig deuten diese Befunde darauf hin, dass die transdiagnostischen Faktoren gute Ansatzpunkte für die Behandlung von Internet- und Computerspielsucht sein können, insbesondere wenn komorbid internalisierende Störungen vorliegen. Demnach wäre es auch denkbar, dass sich über eine frühe Behandlung der Verhaltenssucht eine nachfolgende Depression oder Angststörung verhindern ließe.

3.2.1 Differentialdiagnostik

Die wichtigste differenzialdiagnostische Unterscheidung bei komorbider Angstsymptomatik sollte der Frage nachgehen, ob das gezeigte Verhalten (hohe Onlinezeiten) als Vermeidungsverhalten im Rahmen einer Angststörung zu verstehen ist oder ob eine Sucht vorliegt. Bei komorbider depressiver Symptomatik sollte differenzialdiagnostisch abgeklärt werden, ob es sich beim Gaming oder der Internetnutzung um das einzig verbleibende belohnende Verhalten im Rahmen einer Depression handelt, für das noch ausreichend Antrieb vorhanden ist, oder ob es sich um eine suchtartige Nutzung handelt.

3.3 ADHS

ADHS ist eine der häufigsten, wenn nicht die häufigste Komorbidität von Internet- und Computerspielsucht (Bozkurt et al., 2013). ADHS ist nosologisch als neurologische Entwicklungsstörung eingruppiert, die nicht erst im Laufe des Lebens entstehen kann, sondern für die eine stark genetisch bedingte, biologische Anlage angenommen wird. Damit in Einklang deuten längsschnittliche Daten darauf hin, dass ADHS zeitlich einer Computerspielstörung vorangeht (Wartberg, Kriston, Zieglmeier et al., 2018). Somit kann das Vorliegen einer ADHS-Symptomatik als Risikofaktor für die Entwicklung einer Internet- und Computerspielsucht verstanden werden. Darüber hinaus gibt es auch Daten, die auf einen bidirektionalen Zusammenhang hindeuten (D. A. Gentile et al., 2012; Wartberg, Kriston, Zieglmeier et al., 2018). Demnach würden sich beide Störungen negativ beeinflussen und die Wahrscheinlichkeit erhöhen, Symptome der jeweils anderen Störung auszubilden bzw. zu verstärken. Wichtig ist festzuhalten, dass ADHS nicht durch eine Verhaltenssucht ausgelöst werden kann – diese kann aber Symptome von ADHS verstärken, wenn ADHS bereits vorliegt.

Allerdings ist bislang unklar, auf welche Aspekte der ADHS der Zusammenhang zurückzuführen ist. Manche Studien zeigen, dass vor allem die Unaufmerksamkeit sowie das kombinierte Erscheinungsbild der ADHS mit Internet- und Computerspielsucht assoziiert zu sein scheinen (Chan & Rabinowitz, 2006), während andere Studien zeigen, dass insbesondere die Hyperaktivität/Impulsivität mit Internet- und Computerspielsucht assoziiert ist (Gunes et al., 2018).

Relevant ist der Zusammenhang zwischen der Internet- und Computerspielsucht mit ADHS insbesondere, da sich eine ADHS-Komorbidität ungünstig auf den Verlauf der Internet- und Computerspielsucht auswirkt. Einer Studie zufolge weisen Patient*innen mit einer Computerspielstörung und komorbiden ADHS niedrigere Genesungsraten, höhere Symptomschwere und eine höhere Wahrscheinlichkeit für das Wiederauftreten der Computerspielstörung innerhalb eines Jahres auf. Dabei sind Veränderungen der ADHS-Symptome auch mit Veränderungen der Computerspielstörungs-Symptome assoziiert (J. Lee et al., 2021). Es ist also zentral, beide

Krankheiten zu erkennen, um beide Störungen leitliniengetreu zu behandeln, da sich eine Verbesserung der Symptome der einen Störung auch auf die andere Störung positiv auswirken kann.

Ein einheitliches Erklärungsmodell zum Hintergrund des Zusammenhangs der beiden Störungen findet sich bisher noch nicht in der Literatur. Denkbar wäre, dass gemeinsame Defizite in der (emotionalen und kognitiven) Selbstregulation (Werling, Kuzhippallil, Emery, Walitza & Drechsler, 2022) sowie die in beiden Störungsbildern zu findende Langeweileintoleranz (Malkovsky, Merrifield, Goldberg & Danckert, 2012) und Präferenz für kurzfristige Belohnung (Luman, Oosterlaan & Sergeant, 2005) das gemeinsame Auftreten der beiden Störungen begünstigen können. Die ständig wechselnden und hoch verstärkenden Stimuli im Internet könnten insbesondere für Kinder mit ADHS attraktiv sein (Yoo et al., 2004). Ob umgekehrt bei Kindern mit ADHS ein hoher Medienkonsum mit schneller Bildrate und starker, kurzfristiger Stimulation die Langeweileintoleranz weiter verstärkt oder die Konzentrationsleistung verringert, ist bisher ungeklärt. Entsprechende Studien liefern uneindeutige Ergebnisse (Beyens, Valkenburg & Piotrowski, 2018).

Eine umfassende Erklärung ist über transdiagnostische Faktoren in Anlehnung an das Modell zu internalisierenden Störungen von Leo et al. (2021) denkbar. Zu den transdiagnostischen Faktoren zählt u.a. eine verschobene Belohnungserwartung. Individuen mit ADHS zeigen eine starke Präferenz für unmittelbare Belohnung, auch wenn die Belohnung zu einem späteren Zeitpunkt größer wäre. Dies geht einher mit einer psychophysiologisch geringeren Reaktion auf Belohnungsreize (Luman et al., 2005). Dabei nimmt die *Reward Deficiency Hypothesis* (Blum, Cull, Braverman & Comings, 1996) an, dass sich Individuen, die sich durch natürliche Verstärker weniger belohnt fühlen, stärkere Stimulationen suchen. Dies kann z.B. durch psychotrope Substanzen erreicht werden. Gleichzeitig könnte auch das Internet als eine weitere Form von verstärkter Stimulation dienen, die das erlebte Belohnungsdefizit ausgleichen soll (Yoo et al., 2004). Als zweiter transdiagnostischer Faktor kann die Emotionsregulation herangezogen werden. Demnach könnte die Tendenz zu maladaptiver Emotionsregulation, die bei ADHS gezeigt wird (Steinberg & Drabick, 2015), das Risiko für die Entstehung einer Internet- und Computerspielsucht begünstigen. Schließlich wird das Internet häufig als Emotionsregulationsstrategie eingesetzt. Bei alleinigem Einsatz dieser Emotionsregulationsstrategie können andere funktionalere Emotionsregulationstechniken nicht erlernt werden oder wieder verlernt werden und die Wahrscheinlichkeit einer Internet- und Computerspielsucht steigt. Darüber hinaus kann das Internet von Kindern und Jugendlichen mit ADHS dafür genutzt werden, um aufgrund ihrer verringerten sozialen Fähigkeiten reale soziale Interaktionen zu meiden und durch virtuelle zu kompensieren (Yoo et al., 2004). Auch hier können funktionale Regulationstechniken nicht erworben oder auch wieder verlernt werden, wenn es zu exzessivem Internetkonsum kommt.

3.3.1 Differentialdiagnostik

Differenzialdiagnostisch ist es wichtig zu unterscheiden, ob die Kinder deshalb hohe Onlinezeiten aufweisen, weil sie aus mangelnder Selbststrukturierungsfähigkeit heraus im Rahmen einer ADHS-Diagnose nicht den Absprung schaffen, oder ob eine Sucht vorliegt.

3.4 Störungen des Sozialverhaltens

Auch Störungen des Sozialverhaltens werden vermehrt mit Internet- und Computerspielsucht in Verbindung gebracht (Bozkurt et al., 2013). Darüber hinaus scheinen komorbide Störungen des Sozialverhaltens bei ADHS-Betroffenen einen zusätzlichen Risikofaktor für Internet- und Computerspielsucht darzustellen (Gunes et al., 2018). Eine mögliche Hypothese beruht darauf, dass Kinder und Jugendliche mit Störungen des Sozialverhaltens eine Tendenz zu riskantem und leichtsinnigem Verhalten zeigen, vermutlich moderiert durch Schwierigkeiten der Impulskontrolle und Entscheidungsfindung. Dies könnte der transdiagnostische Mechanismus sein, durch den Individuen mit Störungen des Sozialverhaltens im besonderen gefährdet sind, zusätzlich Suchterkrankungen auszubilden. Bei Störungen des Sozialverhaltens werden (wie bei ADHS) kurzfristige Belohnungen bevorzugt, auch wenn diese mit langfristig negativen Konsequenzen einhergehen (Fairchild et al., 2009; Gunes et al., 2018). Diese Prädisposition zur bevorzugten sofortigen Belohnung stellt seinerseits einen Risikofaktor für das Ausbilden von Internet- und Computerspielsucht dar.

3.4.1 Differentialdiagnostik

Differenzialdiagnostisch ist es wichtig zu unterscheiden, ob die Kinder und Jugendlichen hohe Onlinezeiten aufweisen, weil sie sich den Regeln der Eltern widersetzen, oder ob tatsächlich eine Sucht vorliegt.

3.5 Autismus-Spektrum-Störungen

Auch Autismus-Spektrum-Störungen sind mit Internet- und Computerspielsucht assoziiert (Murray et al., 2021; Normand, Fisher, Simonato, Fecteau & Poulin, 2021; Paulus et al., 2020). Die erhöhte Prävalenz von Internet- und Computerspielsucht konnte sowohl im klinischen als auch im subklinischen Bereich der autistischen

Symptome gezeigt werden (Murray et al., 2021). Dabei ist das Risiko für eine Internet- und Computerspielsucht bei Autismus mit komorbidem ADHS noch höher (Normand et al., 2021).

Warum dieser Zusammenhang stabil besteht, ist noch nicht endgültig geklärt. Die erste Hypothese geht davon aus, dass Autismus-Betroffene das Internet bevorzugen, weil ihr soziales Defizit dort weniger präsent ist. Es gibt Online keine nonverbalen Cues, Emojis sind in ihren Emotionen eindeutig, man hat länger Zeit zu reagieren und auch Blickkontakt muss nicht gehalten werden (Normand et al., 2021). Das ist für Individuen, denen Vorhersagbarkeit wichtig ist (wie für Autismus-Betroffene), besonders attraktiv (Normand et al., 2021). Allerdings gibt es andererseits auch Stimmen, die dies in Frage stellen, denn in vielen Spielgenres (beispielsweise in MMORPGs) liegt nur ein begrenztes Set an vorhersagbaren Regeln vor (Normand et al., 2021).

Im Gegensatz zu dieser Attraktivitäts-Hypothese gibt es auch die Annahme, dass das Internet von Jugendlichen mit Autismus-Spektrum-Störungen genutzt wird, um ihren Sonderinteressen nachgehen zu können, bzw. dass das Computerspielen selbst ein Sonderinteresse darstellt. Sonderinteressen sind laut DSM-5 »highly restricted, fixated interests that are abnormal in intensity or focus (e. g., strong attachment to or preoccupation with unusual objects, excessively circumscribed or perseverative interest).« Tatsächlich werden das Spielen von Computerspielen und die Nutzung des Internets häufig als Sonderinteressen benannt. Allerdings sind die Studien meistens auf Jungen-Stichproben beschränkt und somit ist die Generalisierbarkeit auf Mädchen mit Autismus-Spektrum-Störungen eingeschränkt. Für diese Hypothese spricht, dass Betroffene von Autismus-Spektrum-Störungen stärkere Reaktionen im Belohnungssystem für nicht-soziale Cues (z. B. Videospiele) als für soziale Belohnungen (z. B. Approval) im Internet zeigen (Coutelle et al., 2021).

3.5.1 Differentialdiagnostik

Grundsätzlich ist es schwierig, zwischen Sonderinteressen und suchtartiger Nutzung des Internets zu unterscheiden. Gleichzeitig ist diese Unterscheidung therapeutisch wichtig, weil sie unterschiedliche Therapieziele und Unterschiede im Umgang mit der Computerspiel- und Internetnutzung impliziert. Während bei einer Verhaltenssucht eine Löschung oder Verhaltenssubstitution oberste Priorität hätte, wäre dies bei einem Sonderinteresse nicht der Fall. Generell gilt, dass Erziehungsberechtigte, Therapeut*innen und weitere Personen im Behandlungssetting das erhöhte Risiko für Internet- und Computerspielsucht bei Betroffenen von Autismus-Spektrum-Störungen kennen und differenzialdiagnostisch sorgfältig abklären sollten, ob es sich bei dem gezeigten Verhalten um eine Sucht oder ein Sonderinteresse im Rahmen einer Autismus-Spektrum-Störung handelt. Empfohlen wird eine detaillierte klinische Diagnostik, die Internet- und Computerspielkonsum, Internet- und Computerspielsucht, Autismus-Spektrum-Störungen inklusive Sonderinteressen und assoziierte Störungen, wie beispielsweise ADHS, genau untersucht, um im Individualfall bestmöglich behandeln zu können (Coutelle et al., 2021).

3.6 Überprüfung der Lernziele

- Welche Komorbiditäten treten häufig im Zusammenhang mit Internet- und Computerspielsucht auf?
- Wie können Sie Internet- und Computerspielsucht von Störungsbildern mit überlappenden Erscheinungsformen unterscheiden?

4 Diagnostik

Der 15-jährige Maximilian stellt sich in einer Hochschulambulanz zur psychologischen Diagnostik aufgrund des Verdachts auf das Vorliegen einer Internet- und Computerspielsucht vor. Als der Therapeut ihn im Erstgespräch zu seiner Symptomatik befragt, berichtet Maximilian, er habe große Selbstwertprobleme. Er beschreibt, dass er zu Hause nur rumsitze und sehr viel Zeit im Internet verbringe. Sobald er aus der Schule nach Hause komme, »zocke« er fast den ganzen Tag (durchschnittlich 6–7 Stunden pro Tag). In der Summe komme er auf mindestens 40 Stunden in der Woche. Wenn er seine Zeit mal nicht mit Computerspielen verbringe, beschäftige er sich viel mit Instagram und TikTok. Dort bewundere er insbesondere Leute in seinem Alter sehr. Er finde es erstaunlich, was diese alles leisteten. Computerspielen und die Beschäftigung mit den Sozialen Medien benennt er als seine einzigen Hobbys.

Bei Maximilian wird eine ausführliche Diagnostik zu Computerspielstörung und Soziale-Netzwerke-Nutzungsstörung durchgeführt und es werden Komorbiditäten abgeklärt. Zunächst wird in der Hochschulambulanz ein diagnostisches Interview mit Maximilian und seiner Mutter durchgeführt. Dazu wird ergänzend zum Kinder-DIPS (Schneider, Pflug, In-Albon & Margraf, 2017) ein strukturiertes, diagnostisches Interview verwendet, das die Kriterien Computerspielstörung und Soziale-Netzwerke-Nutzungsstörung umfasst (Lindenberg, 2020). Während Maximilian sein Computerspiel- und Internetverhalten als nicht sehr problematisch einschätzt, äußert seine Mutter deutliche Bedenken. Im Verlauf des Interviews zeigen sich Hinweise auf klinisch relevante Symptome sowohl einer Computerspielstörung (erfüllte Kriterien Computerspielverhalten: Verhaltensbezogene Vereinnahmung, Fortsetzung trotz negativer Konsequenzen, Dissimulation, Dysfunktionale Stressregulation, Gefährdung/Verluste) als auch einer Soziale-Netzwerke-Nutzungsstörung (erfüllte Kriterien Internetnutzungsverhalten: Entzugserscheinungen, Fortsetzung trotz negativer Konsequenzen, Toleranzentwicklung, Dissimulation, Dysfunktionale Stressregulation, Gefährdung/Verluste). Im Kinder-DIPS zeigen sich keine Hinweise auf weitere internalisierende oder externalisierende Störungen. Ergänzend werden validierte Fragebogenverfahren eingesetzt. Sowohl im Selbst- als auch im Fremdurteil durch die Mutter sind auf der Computerspielabhängigkeitsskala (CSAS; Rehbein, Baier, Kleinmann & Mößle, 2015), der Internet Gaming Disorder Scale (IGDS; Lemmens, Valkenburg & Gentile, 2015) als auch auf der Social Media Disorder Scale (SMDS; van den Eijnden, Lemmens & Valkenburg, 2016) die Kriterien für eine Computerspielstörung und eine Soziale-Netzwerke-Nutzungsstörung erfüllt. Auf allen Instrumenten ist die Anzahl der erfüllten Kriterien im Fremdurteil durch die Mutter höher als in Maximilians Selbsturteil (CSAS: Selbstbeurteilung: 3 erfüllte Kriterien, Fremdbeurteilung: 8 erfüllte Kriterien; SMDS: Selbstbeurteilung: 4 erfüllte Kriterien, Fremdbeurteilung: 9 erfüllte Kriterien). In Fragebogenverfahren zur allgemeinen Psychopathologie (CBCL/6–18R; Döpfner, Plück & Kinnen, 2014) zeigt Maximilian Auffälligkeiten in folgenden Bereichen: Rückzüglich/depressiv, Denk-, Schlaf- und repetitive Probleme und soziale Probleme. Die Kriterien für eine weitere Diagnose sind jedoch nicht erfüllt. Die vorliegende Computerspielstörung und Soziale-Netzwerke-Nutzungsstörung wird nach ICD-10 mit dem Diagnoseschlüssel F63.8 kodiert.

Lernziele

- Sie sind mit der Struktur des diagnostischen Prozesses vertraut und kennen wichtige Ziele.
- Sie wissen, welche diagnostischen Verfahren bei der Internet- und Computerspielsucht im Kindes- und Jugendalter eingesetzt werden sollten.

4.1 Ziele und Struktur des diagnostischen Prozesses

Bei einer Diagnostik zur Internet- und Computerspielsucht ist es grundlegend wichtig, eine Aussage darüber zu treffen, ob eine klinisch relevante Internet- und Computerspielsucht vorliegt oder ob es sich um ein Nutzungsmuster handelt, das die Eltern zwar nicht gutheißen, welches aber nicht die Kriterien einer Verhaltenssucht erfüllt. Folgende Inhalte sind zentrale Bestandteile des diagnostischen Prozesses, die bei der Vergabe der Diagnose Internet- und Computerspielsucht berücksichtigt werden müssen: die Anamnese der suchtspezifischen Symptomatik, Nutzungsart und -zeiten, die Funktionalität des Spielens, spezifische Rahmenbedingungen sowie mögliche Begleitsymptome (Paschke et al., 2020). Um das Störungsbild möglichst objektiv erfassen zu können, ist ein Fremdurteil durch Bezugspersonen wichtig. Darüber hinaus sollte eine umfassende Diagnostik der komorbiden Erkrankungen oder ggf. abzugrenzender Differenzialdiagnosen erfolgen.

4.2 Erstgespräch und Anamnese

4.2.1 Besonderheiten im Erstgespräch und Erhebung des psychopathologischen Befundes

Kinder und Jugendliche, die von einer Internet- und Computerspielsucht betroffen sind, suchen nur selten eigenmotiviert ein Behandlungsangebot auf (Lindenberg et al., 2017; Wölfling et al., 2013). Im Gegensatz zu ihren Bezugspersonen betrachten Kinder und Jugendliche ihr Computerspielverhalten sowie ihre Internetaktivitäten oft nicht kritisch. Sehr häufig werden die Folgen der Internetnutzung bagatellisiert, teilweise wird das Ausmaß des Internet- und Computerspielkonsums sogar von Betroffenen verheimlicht. Dies spiegelt sich darin wider, dass in klinischen Stichproben der Schweregrad durch die Fremdeinschätzung der Bezugspersonen deutlich höher ausfällt als die Beurteilung durch die Betroffenen selbst (Szász-Janocha et al., 2020a).

Bei der Anamnese sollten insbesondere typische Anzeichen, die oft als Folgen einer Internet- und Computerspielsucht auftreten, in den Blick genommen werden. Dazu zählen ein Leistungsabfall in Schule, Ausbildung oder Beruf, Schlafstörungen sowie ein Desinteresse in Bezug auf andere, nicht-virtuelle Freizeitbeschäftigungen und Beziehungsgestaltungen (Paschke et al., 2020; Sussman, Harper, Stahl & Weigle, 2018). In der verhaltenstherapeutischen Praxis umfasst die Anamnese, wie bei anderen Störungsbildern auch, eine Makro- sowie eine Mikroanalyse sowie den psychopathologischen Befund.

4.2.2 Makroanalyse

Ziel der Makroanalyse ist es, die Entwicklungsgeschichte der Symptomatik und den Verlauf der Internet- und Computerspielsucht zu erfassen, um ein individuelles Modell zur Störungsentwicklung zu erstellen. Die Makroanalyse wird zur Erklärung des Problemverhaltens herangezogen und zielt darauf ab, übergeordnete, auf die gesamte Lebensspanne bezogene Problemzusammenhänge zu identifizieren. Im Zuge der Makroanalyse gilt es, Rahmenbedingungen, sozialen Kontext und intra- oder interpersonelle Funktionalität für Entstehung und Aufrechterhaltung einer Internet- und Computerspielsucht zu analysieren. Die Makroanalyse setzt sich aus vier Teilanalysen zusammen: Der Entwicklungsanalyse, der Analyse sozialer Systeme, der Analyse individueller kognitiver, emotionaler und motivationaler Schemata sowie der Ressourcenanalyse. Im Zuge der Entwicklungsanalyse werden zunächst diejenigen Bedingungen analysiert, die das Problemverhalten prädisponieren, auslösen und aufrechterhalten. Anschließend werden im Rahmen der Systemanalyse Verbindungen zwischen sozialem Umfeld (psychosoziale Bedingungen, Interaktionen, Beziehungen) und Problemverhalten der Betroffenen betrachtet. Einflüsse von übergeordneten, individuellen Motiven, Zielen und Denkmustern auf Denken, Verhalten und Erleben der Betroffenen werden bei der Schemaanalyse in den Blick genommen. Mit Hilfe der Ressourcenanalyse sollen Ressourcen der Betroffenen und ihres Umfeldes aufgedeckt werden, die Ausprägung und Entwicklung der Symptomatik stoppen und herangezogen werden können, um das Problemverhalten der Betroffenen zu reduzieren (Döpfner, 2020).

Im Fallbeispiel von Maximilian ist von einer multifaktoriellen Störungsgenese auszugehen. Als prädisponierende Faktoren zeigen sich in der Entwicklungsanalyse ein gehemmtes Temperament und Schwierigkeiten im sozialen Kontakt mit Gleichaltrigen. Bezüglich der sozialen Systeme wird ein durch Impulsivität geprägter Erziehungsstil der Mutter genannt, der von Maximilian zum Teil als unvorhersehbar, unkontrollierbar und invalidierend erlebt wird. Aufgrund der unzureichend ausgebildeten Emotionsregulationsstrategien und geringen Unterstützung durch das familiäre Umfeld, konnten emotionale Belastungen, wie beispielsweise Ausgrenzung in der Schule, nicht adäquat kompensiert werden, worauf Maximilian mit einem Interessens- und Motivationsverlust reagierte. Daraus resultierten ein vermindertes Selbstwertgefühl und dysfunktionale kognitive Schemata (s. Mikroanalyse). Typischerweise reagierte Maximilian mit sozialem Rückzug und Flucht in die virtuelle Welt, um seine unangenehmen Emotionen zu regulieren und zu vermeiden. Als Ressourcen benannte Maximilian neben dem Spielen von Videospielen auch das Zeichnen, das Telefonieren mit einem Freund, der weggezogen sei, sowie eine gute Beziehung zu seiner Schwester.

4.2.3 Mikroanalyse

Die Mikroanalyse dient dazu, Entstehung und Aufrechterhaltung der Internet- und Computerspielsucht auf Mikroebene, d. h., anhand einer spezifischen Situation, zu erklären. Sie wird in der Regel in Anlehnung an das SORKC Modell (Kanfer & Saslow, 1976) durchgeführt. Das SORKC Modell – auch als Verhaltensgleichung bezeichnet – setzt sich aus den Variablen Situation, Organismus, Reaktion (Kognition, Emotion, Physiologie, Verhalten), Kontingenz und Konsequenz zusammen. Für die Erstellung eines solchen Modells ist es hilfreich, gemeinsam mit Betroffenen eine Situation, in der sich das Problemverhalten äußert (beispielsweise Langeweile nach der Schule, motivationale Probleme bei der Erledigung von Aufgaben, Unsicherheiten im Sozialkontakt) in Orientierung an den einzelnen Variablen des SORKC Modells zu erörtern.

Exemplarisches SORKC Modell für den 15-jährigen Maximilian mit Computerspielstörung und Soziale-Netzwerke-Nutzungsstörung

Situation (S): Maximilian kommt nachmittags aus der Schule nach Hause und weiß nichts mit sich anzufangen.

Organismusvariablen (O): Junge in der Pubertät, reduzierte Frustrationstoleranz, Selbstwertprobleme, Bevorzugung schneller, kleiner Belohnungen

Reaktion (R) von Maximilian:

- Kognition: »Keiner kann mich leiden.«
- Emotion: Unsicherheit, Unzufriedenheit, Frust, Einsamkeit
- Physiologie: innere Unruhe
- Verhalten: Maximilian zieht sich in sein Zimmer zurück und beschäftigt sich mit Computerspielen und Social Media.

Konsequenzen (C):

- Positiv kurzfristig: Reduktion von negativen Gedanken und unangenehmen Gefühlen 𝒞-; Freude, Zufriedenheit, Gefühl von sozialer Eingebundenheit C+
- Negativ kurzfristig: Keine Präsenz-Aktivitäten mit sozialem Umfeld 𝒞+
- Negativ langfristig: Verstärkung des Rückzugsverhaltens, vermehrte Selbstwertprobleme C-, Reduktion der Selbstwirksamkeit 𝒞+
- Positiv langfristig: /

Kontingenz (K): Subjektiv hat sich das Verhalten für Maximilian in vielen Fällen als erfolgreich erwiesen.

4.3 Diagnostikinstrumente

Es liegen verschiedene Diagnostikinstrumente zur Erfassung einer Internet- und Computerspielsucht vor. Dazu zählen Fragebogenverfahren, diagnostische Interviews sowie Nutzungstagebücher oder Tracking-Apps. Es gibt einige validierte Fragebogenverfahren für die Internet- und Computerspielabhängigkeit, diese sind jedoch oftmals nicht an klinischen Stichproben validiert und in der Regel aus dem Erwachsenenalter für Jugendliche adaptiert (King, Haagsma, Delfabbro, Gradisar & Griffiths, 2013; Laconi, Rodgers & Chabrol, 2014). Validierte Fragebogenverfahren für Kinder (unter 12 Jahren) sind bisher nicht verfügbar. Einige der ICD-11 und DSM-5 Kriterien sind altersabhängig und es gibt bisher wenig Evidenz, wie mit diesen Diagnosekriterien bei Kindern unter 12 Jahren umgegangen werden sollte. Dies betrifft einerseits das Kriterium des Kontrollverlusts, das aus entwicklungspsychologischer Sicht voraussetzt, dass Kinder bereits über ausreichende Kontrollmechanismen verfügen, was wiederum eine altersabhängige Fähigkeit ist. Darüber hinaus ist das Kriterium der Gefährdung und Verluste betroffen. Dieses bezieht sich bei Jugendlichen am häufigsten auf die Versetzungsgefährdung. In den ersten Grundschuljahren ist es jedoch unüblich, dass Kinder nicht versetzt werden, und auch andere Gefährdungen und Verluste (z. B. Beziehungsabbrüche) durch die exzessive Nutzung von Videospielen und dem Internet sind in jüngeren Altersgruppen unwahrscheinlich. Zusammengefasst bedeutet dies, dass bei einem Verdacht auf eine Internet- und Computerspielsucht oder eine riskante Nutzung bei Kindern auf Fragebogen- und Interviewverfahren für das Jugendalter zurückgegriffen werden muss, die jedoch nur explorativ interpretiert werden sollten. Für eine umfassende Diagnostik wird empfohlen, mindestens einen Fragebogen im Selbst- und Fremdbericht und ein diagnostisches Interview einzusetzen. Sinnvoll ist es zudem, ergänzend Nutzungstagebücher oder Tracking-Apps einzusetzen oder die täglichen Bildschirmzeiten am Endgerät zu dokumentieren, um die Nutzungszeiten von Computerspielen und Internetaktivitäten möglichst genau zu erfassen (Lindenberg et al., 2020). Zusätzlich sollten, wie bei allen psychischen Störungen im Kindes- und Jugendalter, nach Möglichkeit eine Intelligenzdiagnostik durchgeführt und Komorbiditäten sorgfältig abgeklärt werden.

4.3.1 Fragebogenverfahren

Für das Jugendalter liegen unterschiedliche Fragebogenverfahren vor, die sich zur Diagnostik einer Internet- und Computerspielsucht eignen. Im Zuge ihres systematischen Reviews sprechen King et al. (2020) eine Empfehlung geeigneter Fragebogenverfahren für den diagnostischen Einsatz bei Verdacht auf eine Computerspielsucht aus. Bei dem Vergleich von 32 international eingesetzten Screening-Instrumenten für Computerspielsucht wurde eine Übersicht über diejenigen Instrumente erstellt, die die besten psychometrischen Eigenschaften aufwiesen. Darunter befinden sich drei Fragebögen zur Selbsteinschätzung, die auch in deutscher Sprache vorliegen: Die *Gaming Addiction Scale* (GAS-7; Lemmens, Valkenburg & Peter, 2009), die *Internet Gaming Disorder Scale* (IGD-9, auch IGDS genannt; Lemmens et al., 2015) und der *Assessment for Computer and Internet Addiction-Screener* (AICA-S-gaming; Wölfling, Beutel & Müller, 2012). Darüber hinaus wird die in Deutschland entwickelte und gut evaluierte *Computerspielabhängigkeitsskala* (CSAS; Rehbein, Baier et al., 2015) häufig eingesetzt.

Für eine Fremdeinschätzung der Bezugspersonen kann die Elternversion der IGDS, die IGDS-P (Wartberg, Zieglmeier & Kammerl, 2019), verwendet werden. Außerdem können verschiedene Beurteilungsbögen des CSAS (Rehbein, Baier et al., 2015) herangezogen werden, die neben dem Fremdurteil der Erziehungsberechtigten auch ein Fremdurteil durch Lebenspartner*innen ermöglichen.

Zur Diagnostik einer Soziale-Netzwerke-Nutzungsstörung wurde die IGDS auf die Nutzung von Social Media Anwendungen übertragen. Die *Social Media Disorder Scale* (SMDS; van den Eijnden et al., 2016) eignet sich zur Diagnose (Selbsteinschätzung) einer Soziale-Netzwerke-Nutzungsstörung.

Tab. 4.1: Tabellarische Übersicht über geeignete Fragebogenverfahren für die Diagnostik einer Internet- und Computerspielsucht.

Verfahrensname	Autor*innen	Beschreibung	Beurteiler*in	Gütekriterien
GAS-7	Lemmens et al., 2009	7 Fragen 5-fach gestufte Skala	Jugendliche ab 12 Jahren	interne Konsistenz: $\alpha = 0.66-0.94$ Validität: signifikante Korrelationen u.a. mit Spielzeit ($r = 0.55-0.58$) und Einsamkeit ($r = 0.17-0.31$)
IGD-9 (IGDS)	Lemmens et al., 2015	DSM-5-Kriterien 9 Fragen binäres Antwortformat (ja/nein)	Jugendliche ab 13 Jahren Erziehungsberechtigte Elternversion	interne Konsistenz: $\alpha = 0.67-0.95$ Validität: signifikante Korrelation u.a. mit Spielzeit ($r = 0.21-0.23$), Einsamkeit ($r = 0.30-0.39$) und Aggression ($r = 0.43-0.61$)
AICA-S-gaming	Wölfling et al., 2012	15 Fragen 4-fach gestufte Skala	Jugendliche ab 13 Jahren	interne Konsistenz: $\alpha = 0.70-0.92$ Validität: lässt Unterscheidung zwischen abhängigen und exzessiven Spieler*innen zu (z.B. in Bezug auf Spielzeit und psychosoziale Probleme)
CSAS	Rehbein et al., 2015	18 Fragen 4-fach gestufte Skala	Jugendliche ab 13 Jahren Erziehungsberechtigte Lebenspartner*in	interne Konsistenz: $\alpha = 0.92-0.94$ Validität: signifikante Korrelation u.a. mit Spielzeit ($r = 0.51$) und Selbsteinschätzung einer Computerspielabhängigkeit ($r = 0.49$)
SMDS	Van den Eijnden et al., 2016	9 Fragen binäres Antwortformat (ja/nein)	Jugendliche ab 13 Jahren	interne Konsistenz: $\alpha = 0.76$ Validität: signifikante Korrelation mit Selbsteinschätzung einer Soziale-Netzwerke-Nutzungsstörung ($r = 0.48$) und Aufmerksamkeitsdefizit ($r = 0.33$)

4.3.2 Diagnostische Interviews

Ergänzend zum Einsatz eines Fragebogens, ist die Verwendung eines diagnostischen Interviews für die Diagnostik einer Internet- und Computerspielsucht sinnvoll.

Mit dem aus dem AICA-S-gaming (Wölfling et al., 2012) abgeleiteten AICA-SKI: IBS (Müller & Wölfling, 2017a) liegt ein teilstrukturiertes klinisches Interview vor, das sich zur Diagnostik von Internetbezogenen Störungen bei (jungen) Erwachsenen eignet. Das auf den DSM-5 Kriterien zur Computerspielsucht beruhende Interview eignet sich für Erstdiagnostik und Verlaufsbeurteilung. Anhand eines vordefinierten Explorationsrahmens, der sich aus verschiedenen Blöcken mit unterschiedlichen Fragestellungen zusammensetzt, ist ein individuell adaptierbares, exploratives diagnostisches Vorgehen möglich.

Ein weiteres halbstrukturiertes diagnostisches Interview, das ebenfalls auf den DSM-5 Kriterien zur Computerspielsucht basiert, hat das kriminologische Forschungsinstitut Niedersachsen e. V. gemeinsam mit der Arbeitsgruppe S:TEP (Substanzbezogene und verwandte Störungen: Therapie, Epidemiologie und Prävention) am Universitätsklinikum in Lübeck entwickelt (Kriminologisches Forschungsinstitut Niedersachsen e. V., unpublished manuscript). Unsere Arbeitsgruppe hat dieses für die Diagnostik sowohl bei Computerspiel- als auch bei Internetsucht adaptiert (Lindenberg, 2020). Um Internet- und Computerspielsucht im Kindes- und Jugendalter separat zu erfassen, werden in zwei getrennten Abschnitten zunächst die Kriterien der Computerspielstörung, dann die Kriterien der »non-gaming« Online-Verhaltenssüchte (also Soziale-Netzwerke-Nutzungsstörung und Streaming-Störung) gemeinsam abgefragt. Das Interview enthält 107 strukturierte Fragen pro Abschnitt, also insgesamt 214 Fragen, die die folgenden 9 Kriterien für eine Internet- oder Computerspielsucht abfragen:

(1) Vereinnahmung, (2) Rückzug, (3) Toleranzentwicklung, (4) erfolglose Kontrollversuche, (5) Interessensverlust, (6) Fortsetzung trotz negativer Konsequenzen, (7) Lügen, Täuschen, Verheimlichen, (8) Nutzung des Internets/der Videospiele zur Emotionsregulation, (9) Gefährdung/Verluste. Eine vollausgeprägte Störung wird vergeben, wenn 5 oder mehr Kriterien erfüllt sind. Eine subklinische Störung wird vergeben, wenn 3 oder mehr Kriterien erfüllt sind. Das Interview wurde in zwei großen Präventions- und Behandlungsstudien an Jugendlichen erfolgreich eingesetzt (Lindenberg, Kindt & Szász-Janocha, 2022; Szász-Janocha et al., 2020a).

4.3.3 Beobachtungsinstrumente (Nutzungstagebücher/Tracking)

Betroffene der Internet- und Computerspielsucht verlieren während der Beschäftigung mit Internetaktivitäten oder Computerspielen häufig das Zeitgefühl (Immersionseffekt). Oftmals resultiert dies in einer Unterschätzung der Nutzungsdauer. Um dem entgegenzuwirken, ist es sinnvoll, Nutzungstagebücher oder Tracking-Apps einzusetzen. Nutzungstagebücher und Tracking-Apps sind geeignet, um die tatsächliche Dauer der Internet- und Computerspielaktivitäten Betroffener möglichst genau zu dokumentieren. Besonders vorteilhaft an diesen Beobachtungsinstrumenten ist, dass diese eine alltagsnahe Beobachtung der Nutzungsdauer während der Nutzungszeit ermöglichen. Über Nutzungstagebücher und Tracking-Apps können Betroffene die Dauer ihrer Internetaktivitäten und Computerspiele in alltäglichen Situationen eigenständig protokollieren. Darüber kann nicht nur die tatsächliche Dauer des Medienkonsums möglichst genau erfasst werden, sondern zugleich bei Betroffenen ein Bewusstsein für die mit Internetaktivitäten oder Computerspielen verbrachte Zeit entwickelt werden. Viele Endgeräte beinhalten in den Standardeinstellungen bereits die Möglichkeit, die tägliche Bildschirmzeit pro Anwendung einzusehen.

4.3.4 Testverfahren/Intelligenzdiagnostik

Eine Intelligenzdiagnostik kann, wie bei der Diagnostik anderer Störungsbilder im Kindes- und Jugendalter ebenfalls üblich, mittels der gängigen, kann mittels der gängigen, standardisierten Instrumente durchgeführt werden, wie bei anderen psychischen Erkrankungen im Kindes- und Jugendalter auch. Dringend empfohlen wird eine Intelligenzdiagnostik insbesondere dann, wenn sich bei Betroffenen im Hinblick auf den schulischen Kontext Schwierigkeiten zeigen (beispielsweise durch die Vernachlässigung schulischer Pflichten oder eines erhöhten Schulabsentismus). Vielfach ist der exzessive Konsum von Internetanwendungen und Computerspielen Bestandteil eines Vermeidungsverhaltens zur Vermeidung schulischer Anforderungen. Die Durchführung einer ausführlichen Intelligenzdiagnostik kann aufdecken, ob betroffene Schüler*innen richtig beschult werden oder nicht.

Der Zeitpunkt des Einsatzes einer Intelligenzdiagnostik sollte jedoch stets auf mögliche Begleiterkrankungen sowie assoziierte Symptome abgestimmt sein. Beispielsweise kann es durch einen verschobenen Schlaf-Wach-Rhythmus zur Reduktion der Aufmerksamkeits- und Konzentrationsfähigkeit während der Testung kommen, was zu einer Verzerrung der Testergebnisse führen kann. Darüber hinaus werden Patient*innen mit einer Computerspielstörung häufig dann vorstellig, wenn sie aufgrund ihrer Computerspielnutzung bereits über längere Zeit nicht mehr in die Schule gegangen sind. Die Auswirkungen des Schulabsentismus auf den IQ-Befund sollten deshalb bei der Interpretation berücksichtigt werden.

4.4 Überprüfung der Lernziele

- Was sind wichtige Ziele bei der Diagnostik einer Internet- und Computerspielsucht?
- Welche diagnostischen Verfahren eignen sich, um eine Internet- und Computerspielsucht zu diagnostizieren?

5 Störungstheorien und -modelle

> **Lernziele**
>
> - Sie kennen Risikofaktoren der Internet- und Computerspielsucht.
> - Sie verstehen anerkannte Ätiologie-Modelle der Internet- und Computerspielsucht, darunter das I-PACE Modell, das PROTECT-Ätiologie-Modell, das integrative Prozessmodell der Internetsucht sowie das kognitiv-behaviorale Modell für pathologischen Internetgebrauch.
> - Sie wissen um den Einfluss von Eltern und Gleichaltrigen auf die Entstehung und Aufrechterhaltung der Internet- und Computerspielsucht.

5.1 Bedingende Faktoren für Entstehung und Aufrechterhaltung

In der Risikofaktorenforschung werden biologische, persönlichkeitsbezogene, kognitiv-emotionale, soziale und familiäre bzw. bindungstheoretische Risikofaktoren untersucht sowie Faktoren, die sich auf die Nutzung von Computerspielen bzw. des Internets beziehen. Das Zusammenspiel dieser Faktoren zeigt das TRIAS-Modell der Internetsucht nach Wölfling et al. (2013). Hiernach wirken bei der Störungsentstehung (1) die Faktoren der Person (z. B. genetische Einflüsse, Erziehung und Sozialisation, Stressverarbeitung, Persönlichkeitseigenschaften und psychische Schwierigkeiten), (2) die Faktoren des Suchtmittels (Belohnungseffekt, Verstärkungskontingenzen), sowie (3) die Faktoren der Umwelt (Familiensituation, Belastungen in Schule oder Freizeit, fehlende Beziehungen und soziale Ressourcen, auch pandemiebedingte Umweltveränderungen) zusammen.

5.1.1 Faktoren der Person

Die Internet- und Computerspielsucht wurde als Verhaltenssucht klassifiziert, da sie auf neurobiologischer Ebene den substanzgebundenen Störungen ähnelt (Kuss & Griffiths, 2012; Weinstein & Lejoyeux, 2015). Sowohl für die substanzgebundenen Störungen als auch für die Verhaltenssüchte spielt das dopaminerge Belohnungssystem eine relevante Rolle für die Entstehung und Aufrechterhaltung der Störungen. Zu den biologischen Risikofaktoren von Internet- und Computerspielsucht zählen u. a. Polymorphismen in der Neurotransmitterbildung und -regulation, z. B. von 5HTTLPR, dem Serotonintransportergen (Y. S. Lee et al., 2008; Weinstein & Lejoyeux, 2015). Darüber hinaus konnte eine generell erhöhte Stressvulnerabilität als Risikofaktor für Internet- und Computerspielsucht identifiziert werden.

Auf persönlichkeitspsychologischer Ebene wurden ähnliche Risikofaktoren für Internet- und Computerspielsucht identifiziert, die auch das Risiko von substanzbezogenen Störungen erhöhen. Dazu zählen ein erhöhter Neurotizismus (damit einhergehend emotionale Instabilität/erhöhte Impulsivität, geringer Selbstwert und erhöhte Ängstlichkeit) und eine geringe Gewissenhaftigkeit (damit einhergehend geringe Selbststrukturierung, weniger systematische Zielverfolgung; Lindenberg et al., 2020; Müller & Wölfling, 2017b). Bezüglich der kognitiv-emotionalen Risikofaktoren scheint eine dysfunktionale Emotionsregulation eine entscheidende Prädisposition für die Entwicklung von Internet- und Computerspielsucht darzustellen (Kwon, Chung & Lee, 2011; Young, 1998b; Young & Abreu, 2010).

5.1.2 Faktoren des Suchtmittels

Im Falle der substanzbezogenen Störungen wird das dopaminerge System über pharmakologische Substanzen aktiviert (Everitt, Dickinson & Robbins, 2001), während im Falle der Verhaltenssüchte exzessiv ausgeführtes Verhalten (z. B. Computerspielen) das dopaminerge System aktiviert. Dabei wirkt das exzessiv ausgeführte Verhalten konsistent positiv verstärkend. Ähnlich wie bei den substanzbezogenen Störungen spielen demzufolge auch bei den Verhaltenssüchten klassische und operante Konditionierung eine relevante Rolle für die Entstehung und Aufrechterhaltung der Störung (Grüsser & Thalemann, 2006).

Zu nutzungsbedingten Risikofaktoren zählen der Aufbau des Spiels (z. B. durch intermittierende Verstärkung), die Möglichkeit zum Rollenwechsel, der Anschluss an eine Online-Community, eine (gefühlte) soziale Verantwortung innerhalb eines Teams und erlebter Gruppendruck, zu gewissen Zeiten online zu sein. So scheinen insgesamt sozial-kompensatorische Mechanismen relevant für die Entwicklung einer Internet- und Computerspielsucht zu sein (van Loh, 2018).

5.1.3 Faktoren der Umwelt

Auf sozialer Ebene wurden ein negatives Familienklima und ungünstige Sozialisationserfahrungen (beispielsweise Ausgrenzung) als Risikofaktoren berichtet. In diesem Zusammenhang zählen auch Einsamkeit, fehlende soziale Unterstützung sowie soziales Misstrauen zu den relevanten Risikofaktoren. Darüber hinaus wurden Zusammenhänge zwischen einem unsicheren und/oder desorganisierten Bindungsstil und pathologischer Internetnutzung berichtet (Eichenberg, Dyba & Schott, 2017; Greschner et al., 2017).

5.2 Integrative Erklärungsmodelle

5.2.1 Das I-PACE-Modell von Brand, Young, Laier, Wölfling und Potenza (2016; 2019)

Das international anerkannte I-PACE-Modell (The Interaction of Person-Affect-Cognition-Execution; Brand et al., 2016; Brand et al., 2019) basiert auf operanten Lernmechanismen. Dabei gehen die Autor*innen davon aus, dass eine Interaktion personenbezogener Faktoren, affektiver und kognitiver Reaktionen auf bestimmte Stimuli sowie exekutiver Funktionen (Inhibitionskontrolle und Entscheidungsfindung) relevante Faktoren für die Entstehung und Aufrechterhaltung von Verhaltenssüchten sind. Das I-PACE-Modell postuliert zunächst, dass die Entstehung einer Verhaltenssucht begünstigt wird, wenn das Ausüben des Verhaltens (z. B. Computerspielen) ein Gratifikationserlebnis darstellt. Diese Begünstigung kann wiederum von allgemeinen und individuellen Prädispositionen (z. B. Genetik, frühe negative Kindheitserfahrungen, dysfunktionale Coping-Stile, individuelle Bedürfnisse und Nutzungsmotive) beeinflusst werden. Auch kognitive Verzerrungen, die sich auf das exzessive Verhalten beziehen (z. B. positive Einstellungen bezüglich des Computerspielens), spielen eine Rolle, da sie spezifische affektive und kognitive Reaktionen auslösen, die dazu führen, dass sich Individuen dafür entscheiden, das Verhalten auszuüben. Das erneute Ausführen des Verhaltens führt zu einer Wiederholung der erlebten Gratifikation und schließlich zu verzerrten Erwartungen im Sinne eines übermäßig positiven Effekts. In diesem Prozess nimmt die tatsächliche Belohnung des Verhaltens jedoch ab und das Verhalten wird zunehmend habitualisiert ausgeführt. So beginnen Betroffene zunehmend öfter und in unpassenden Situationen das Verhalten auszuüben, was durch eine herabgesetzte inhibitorische Kontrolle unterstützt wird. Durch dieses exzessive Ausführen des Verhaltens erleben betroffene Individuen negative Konsequenzen, denen sie durch Ausführen des Verhaltens entkommen wollen. Sie versuchen also die negativen Konsequenzen mit Ausführen des Verhaltens zu kompensieren. Im späteren Verlauf der Verhaltenssucht reichen bereits minimale Reize, um maladaptive affektive oder kognitive Reaktionen auszulösen (z. B. Reizreaktivität/Craving, Attentional Bias, Emotionsregulation durch das Verhalten). Im Falle der Computerspielstörung können entsprechende Reaktionen z. B. bereits durch den Anblick eines Computers ausgelöst werden. Zu diesem Zeitpunkt der Sucht ist bereits ein Teufelskreis entstanden, der sich aus einer Kompensation von negativem Affekt und dem Ausführen des exzessiven Verhaltens zusammensetzt. In bildgebenden Verfahren konnte dieser Suchtprozess bereits auf neurobiologischer Ebene gezeigt werden: So wurde von einer Sensibilisierung des dopaminergen Belohnungssystems, v. a. im ventralen Striatum berichtet (Berridge & Robinson, 2016). Darüber hinaus zeigten sich im späteren Verlauf der Verhaltenssucht veränderte Verarbeitungswege von suchtassoziierten Reizen, sodass das Aktivierungsmuster vom ventralen zum dorsalen Striatum verschoben wurde, was wiederum für eine Habitualisierung der Verhaltenssucht spricht (Starcke, Antons, Trotzke & Brand, 2018). Demzufolge wird das exzessive Verhalten zunehmend automatisiert und weniger bewusst ausgeführt (Antons & Brand, 2019). Darüber hinaus geht das I-PACE-Modell analog zur Dual-Prozess-Theorie (Meng, Deng, Wang, Guo & Li, 2015; Sussman et al., 2018; Weinstein, Livny & Weizman, 2017) davon aus, dass die Balance zwischen zwei Netzwerken (dem reaktiven, aktivierenden und dem reflektiven, inhibierenden) ins Ungleichgewicht geraten ist. Dementsprechend überwiegt das reaktive Netzwerk gegenüber dem inhibierenden Netzwerk. Dieses Muster ist bei Kindern und Jugendlichen entwicklungsbedingt verstärkt, sodass hier eine mögliche Erklärung zu finden ist, warum Internet- und Computerspielsucht v. a. in diesem Altersbereich auftritt. So führt dieses Ungleichgewicht der beiden Netzwerke zu riskanterem Verhalten, der Bevorzugung von kurzfristigen Zielen und schlechterer Selbstregulation (L. Liu et al., 2017; Paschke et al., 2020).

5.2.2 Das PROTECT-Ätiologie-Modell von Lindenberg et al. (2020)

Während das I-PACE Modell die multifaktorielle, bio-psycho-soziale Störungsgenese abbildet, konzentriert sich das PROTECT-Ätiologie-Modell von Lindenberg et al. (2020) auf die Prozesse der Mikroebene und die Translation von psychotherapeutischen Interventionen, um diesen Prozessen entgegenzusteuern. Mithilfe des Modells werden Annahmen aus der Grundlagenforschung (beispielsweise auf Basis des I-PACE Modells) in psychotherapeutische Interventionstechniken übersetzt, mit dem Ziel, die kognitiv-affektiven Dysfunktionen zu beeinflussen. So nimmt auch dieses Modell (wie das I-PACE-Modell) an, dass Internet- und Computerspielsucht grundsätzlich aus erlernten, dysfunktionalen Coping-Mechanismen entsteht, um negativen Affekt zu regulieren. Als prototypische Auslöser für negativen Affekt werden (1) Situationen im Zusammenhang mit motivationalen Problemen und der Tendenz zur Langeweile; (2) Situationen im Zusammenhang mit Leistungsängsten und der damit einhergehenden Tendenz zur Prokrastination sowie (3) Situationen im Zusammenhang mit sozialer Ängstlichkeit und damit einhergehend oft mangelnden sozialen Kompetenzen herausgegriffen. Gemäß kognitiv-behavioraler Grundannahmen lösen diese Situationen nicht direkt, sondern indirekt über kognitive Verzerrungen (Übergeneralisierung, Katastrophendenken, Forderungsdenken) die aversiven emotionalen Zustände aus. So können Belohnungserwartungen an reale Situationen unterschätzt und im Gegensatz dazu Belohnungserwartungen an Videospiele als Alternative überschätzt werden. Dies führt schließlich dazu, dass Individuen bestimmte Situationen ungünstig bewerten und in ihrer Entscheidungsfindung häufig die Videospielalternative präferieren. Die negativ verzerrte Bewertung verschiedener Alltagssituationen bedingt negative emotionale Zustände, die durch die Ausübung des exzessiven Verhaltens (z. B. Computerspielen) kompensiert werden sollen. Für Betroffene scheint diese Coping-Strategie hilfreich, da das Ausüben des Verhaltens zunächst belohnend wirkt und aversive Zustände gemieden werden können. Dieser Mechanismus kann auch ▶ Abb. 5.1 entnommen werden. Durch eine zunehmende Priorisierung des exzessiven Verhaltens werden allerdings andere Verhaltensweisen, die vormals auch verstärkend bzw. belohnend wirktεn, verlernt (oder auch entwicklungspsychologisch betrachtet nicht altersadäquat erlernt), sodass sich das Verhalten zunehmend auf die exzessive Verhaltensweise (z. B. Computerspielen) einengt. Parallel geht das exzessive Verhalten zunehmend mit negativen Konsequenzen einher, sodass Betroffene immer stärkere aversive Zustände erleben, die sie wiederum mit Ausüben des exzessiven Verhaltens zu kompensieren versuchen. So verschiebt sich die Motivation zur Ausführung des exzessiven Verhaltens zunehmend von Gratifikationserleben hin zur Kompensationsstrategie.

Die Translation von kognitiv-behavioralen Interventionen zur Gegensteuerung setzt dann bei den beschriebenen kognitiven, emotionalen und behavioralen Dysfunktionen an: Durch kognitive Umstrukturierung sollen verzerrte Belohnungserwartungen und Situationsbewertungen modifiziert werden; durch das Erlernen von alternativen Emotionsregulationstechniken, den Aktivitätsaufbau und die Substitution von Suchtverhalten durch langfristig hilfreichere Verhaltensweisen (Verhaltenssubstitution) soll die verhaltensbezogene Einengung auf das Suchtverhalten aufgeweicht werden und durch Abstinenz soll das erlernte Suchtverhalten gelöscht werden.

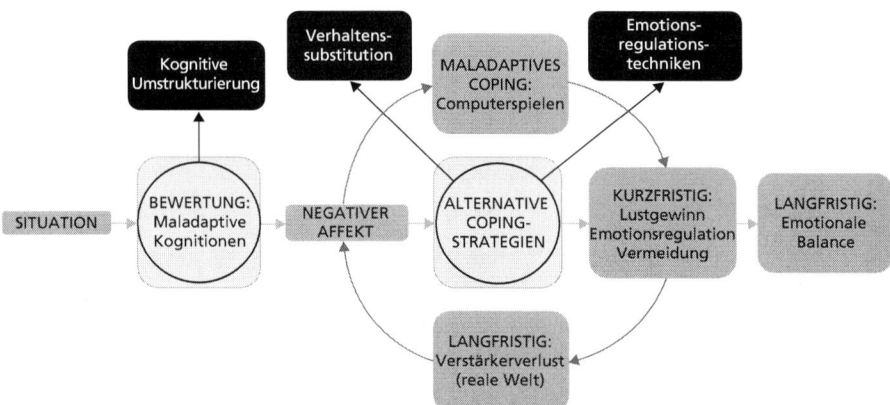

Abb. 5.1: Das **PROTECT**-Ätiologie Modell nach Lindenberg et al. (2020) mit möglichen Ansätzen für psychotherapeutische Interventionen.

5.2.3 Das integrative Prozessmodell der Internetsucht von Müller und Wölfling (2017b)

Das integrative Prozessmodell der Internetsucht (InPrIS; Müller & Wölfling, 2017b) beschreibt ein spezifisches Diathese-Stress-Modell, das auf der Annahme eines dysfunktionalen Lernprozesses aufbaut. So gehen die Autoren davon aus, dass ein Erleben von Inkompetenz im realen Leben (z. B. durch Leistungs- oder soziale Probleme) und das gleichzeitige Erleben von Kompetenz in einer virtuellen Welt die Entstehung eines Teufelskreises bedingt. Sie formulieren die Annahme, dass sich Betroffene zunehmend in der virtuellen Welt bewegen, was wiederum die Defizite in der realen Welt (z. B. soziale Kompetenzdefizite, Probleme in der Schule/bei der Arbeit) zunehmend verstärkt.

5.2.4 Das kognitiv-behaviorale Modell für pathologischen Internetgebrauch von Davis (2001)

Das kognitiv-behaviorale Modell für pathologischen Internetgebrauch von Davis (2001) beschreibt maladaptive Kognitionen, die sowohl die Entstehung als auch die Aufrechterhaltung von Internetsucht begünstigen. Das Modell geht davon aus, dass Psychopathologie und der Zugang zum Internet nötige Faktoren sind, um eine Internetsucht auszubilden. Davon abgesehen kann sich eine Sucht entwickeln, wenn der Internetgebrauch belohnend wirkt, sodass operante Konditionierung einsetzen kann. Dabei geht das Modell davon aus, dass das Individuum immer weitere Nutzungsarten ausprobieren muss, um dieselbe Stimulation zu erleben. Darüber hinaus kann eine sekundäre Konditionierung stattfinden, indem schon bereits der Anblick des Computers oder das Fühlen der Tastatur eine konditionierte Reaktion auslösen. Diese sekundären Verstärker tragen laut dem Modell zur Aufrechterhaltung von Internetsucht bei, da sie als situationale Hinweisreize fungieren. Als wichtigsten Faktor benennt Davis (2001) allerdings die maladaptiven Kognitionen. Dabei spielt Rumination eine relevante Rolle. Davis (2001) geht davon aus, dass Rumination zu einer höheren Symptomschwere führen kann. Zu den maladaptiven Kognitionen zählen das Grübeln über mit dem Internetgebrauch assoziierte Probleme, die wiederholte Erinnerung an belohnende Erfahrungen mit dem Internet oder auch Selbstzweifel, geringer Selbstwert und geringe Selbstwirksamkeit. Diese Verzerrungen könnten sich in Gendanken äußern wie »Ich bin nur gut, wenn ich im Internet bin.« »Alles-oder-Nichts«-Gedanken sind maladaptive Kognitionen. Diese werden laut dem Modell aktiviert, sobald ein internet-assoziierter Stimulus verfügbar ist. Auch fehlender sozialer Rückhalt oder Tendenzen zur Prokrastination bedingen nach dem Modell allgemeine Internetsucht. Am Ende entsteht laut Davis (2001) ein Teufelskreis aus maladaptiven Kognitionen und der belohnenden Erfahrung im Internet.

5.3 Lernerfahrungen und interpersonelle Faktoren

5.3.1 Eltern

Die Eltern-Kind-Beziehung wird nicht nur durch die Internet- und Computerspielsucht beeinflusst, sondern spielt zudem eine Rolle bei der Entstehung einer entsprechenden Sucht. So hängt eine gute Eltern-Kind-Beziehung sowie gute Familienkommunikation mit geringerer Internetnutzung und weniger Internet- und Computerspielsuchtsymptomen zusammen. Auf der anderen Seite führen fehlende

Warmherzigkeit und Fürsorge zu schwereren Internetsuchtsymptomen. Es konnte in diesem Zusammenhang gezeigt werden, dass eine durch Therapie angeregte verbesserte Eltern-Kind-Beziehung die Symptome der Internetsucht verringert. Gleiches fand sich für Gruppentrainings, welche die Kommunikation zwischen Eltern und Jugendlichen verbesserten und hierdurch die Symptomatik der Internetsucht reduzieren konnten (Brandhorst, Renner & Barth, 2021; Nielsen, Favez, Liddle & Rigter, 2019).

Eltern fungieren als Vorbilder und Lernen am Modell scheint eine Rolle zu spielen. So hängt die Häufigkeit des elterlichen Computerspielens mit der Computerspielstörungssymptomatik der Jugendlichen zusammen. Darüber hinaus hängt der Grad der elterlichen Internetnutzung mit der Internetnutzung ihrer Kinder zusammen. Ebenso sind die Internetsuchtsymptome der Eltern mit der Internetsuchtsymptomatik der Jugendlichen assoziiert (Brandhorst et al., 2021). Dieser Zusammenhang zeigt sich ersten Befunden zufolge neben der Internetsuchtsymptomatik auch für die Symptomatik einer Computerspielstörung (Wernicke & Montag, 2021).

Risikofaktoren für die Internet- und Computerspielsucht sind außerdem familiäre Belastungsfaktoren und Erkrankungen der Eltern. So hängen u. a. emotionaler oder physischer Missbrauch, Konflikte oder Gewalt zwischen den Eltern positiv mit der Internetsuchtsymptomatik der Jugendlichen zusammen (Brandhorst et al., 2021; Cuong, Assanangkornchai, Wichaidit, Minh Hanh & My Hanh, 2021).

Die Einstellung der Eltern zum Internet hängt insgesamt sehr wahrscheinlich U-förmig mit einer Internet- und Computerspielsucht der Jugendlichen zusammen. Dementsprechend korreliert eine hoch ausgeprägte negative Einstellung genauso wie eine sehr positive Einstellung bzgl. des Internets und des Computerspielens positiv mit der Symptomschwere der Internet- und Computerspielsucht bei den Jugendlichen zusammen (Brandhorst et al., 2021). Das würde auf Verhaltensebene bedeuten, dass ein sehr restriktiver Zugang genauso wie ein unbegrenzter, unkontrollierter Zugang zum Internet und Computerspielen sich negativ auf die Symptomatik von Internet- und Computerspielsucht der Jugendlichen auswirke.

Insgesamt sind Befunde zur »richtigen« Erziehung bisher allerdings uneindeutig. Dementsprechend sollten Ratgeber zu Regeln und Restriktionen zunächst vorsichtig formuliert werden. Es sollte empfohlen werden, die Regeln situationsangepasst, konsequent und strukturiert umzusetzen, um möglichst positive Effekte zu erzielen (Brandhorst et al., 2021). Zu vielen Erziehungsstilen und Regeln liegen gemischte Befunde vor. Negativ scheinen sich allerdings kein Eingreifen auszuwirken (Cuong et al., 2021; Lukavská, Vacek & Gabrhelík, 2020; Nielsen et al., 2019) sowie starke physische Gewalt (Cuong et al., 2021). Als Schutzfaktor fungiert, wenn Eltern aktiv mit den Kindern und Jugendlichen über die Internetnutzung sprechen, ohne Kritik zu äußern (Nielsen et al., 2019). Genauso scheint elterliche Beaufsichtigung mit gewaltfreier Disziplinierung mit geringerer Computerspielstörung assoziiert zu sein (Cuong et al., 2021).

Alles in allem scheinen Eltern eine wichtige Rolle bei der Entstehung von Internet- und Computerspielsucht zu spielen. Schließlich können sie das Risiko der Sucht erhöhen oder einen relevanten Schutzfaktor darstellen. Sie sollten dementsprechend in Präventions- oder Interventionsangebote eingebunden werden.

5.3.2 Gleichaltrige

Die Forschung, die den Einfluss von Gleichaltrigen untersucht, ist deutlich weniger umfangreich als die Forschung zum elterlichen Einfluss. Nichtsdestotrotz konnte gezeigt werden, dass unsichere Beziehungen zu Gleichaltrigen einen problematischen Internetkonsum zumindest querschnittlich vorhersagen können (Reiner et al., 2017). Auch zeigten Jugendliche, die in Schulklassen mit insgesamt höherer Belastung von Internet- und Computerspielsucht waren, eine individuell höhere Symptomschwere der Internetsucht. Dies könnte damit erklärt werden, dass unterschiedliche Normen für »gesunden« Internetkonsum existieren und in solchen Klassen die Norm zugunsten von Internetsucht verschoben ist. Davon abgesehen zeigten männliche Jugendliche, die Beziehungen zu Gleichaltrigen hatten, die in der Klasse wenig beliebt waren, eine höhere Symptomschwere der Internetsucht. Ebenso waren männliche Jugendliche, die bei ihren Freunden einen höheren sozialen Status wahrnahmen, anfälliger für eine »Peer-Ansteckung« (*Peer Contagion*) der Internetsucht (Zhou & Fang, 2015).

5.4 Anwendung der Störungsmodelle auf Fallbeispiele

5.4.1 Psychoedukation mit Jugendlichen

Lukas ist 17 Jahre alt und wird in einer Ambulanz vorstellig. Er berichtet, dass wenn es ihm nicht gut gehe, er regelmäßig ins Internet gehe, um sich dort YouTube-Videos zu verschiedensten Themen anzuschauen. Er beschreibt, sich z. B. schonmal ein Tutorial darüber angeschaut zu haben, wie man ein Floß herstelle. Häufiger schaue er sich aber Videos rund um das Thema Cosplay an und verbringe dann den Rest des Tages vor dem Bildschirm. Lukas hat zum Zeitpunkt der Vorstellung in der Ambulanz einen großen Leidensdruck. Parallel zur pathologischen Internetnutzung weist er komorbid eine ADHS, eine Depression und eine soziale Phobie auf. Für den psychotherapeutischen Behandlungsplan wurde mit ihm zu Beginn exploriert, welche Funktion das Internet vor dem Hintergrund der Gesamtsymptomatik habe. Gemeinsam mit seiner Therapeutin erarbeitete Lukas seinen Teufelskreis der Sucht auf einem großen Blatt. Lukas benannte aufgrund seiner sozialen Phobie große Sorgen im Zusammenhang mit sozialen Situationen. Er frage sich im Nachhinein immer wieder, ob er sich in einer vergangenen Situation wirklich richtig verhalten habe (post event rumination). Diese Gedanken seien für ihn sehr unangenehm. Um sich von diesen Gedanken abzulenken und diese zu unterdrücken, gehe er ins Internet und schaue sich Videos an. Währenddessen tauche er in eine andere Welt ein und könne die sozialen Sorgen schnell vergessen. Dieser Mechanismus wirkt für Lukas schnell und zuverlässig. Gleichzeitig nimmt diese Strategie sehr viel Zeit ein, die ihm wiederum für die Pflege von Freundschaften oder den Aufbau sozialer Kompetenzen fehlt. Durch dieses Vermeidungsverhalten baut er langfristig seine Ängste nicht ab. Im Gegenteil: sie nehmen zu und er fühlt sich zunehmend unsicher in sozialen Situationen. So besteht für Lukas immer häufiger der Bedarf, sich im Internet von den zunehmenden Ängsten abzulenken und gleichzeitig engt sich sein Verhalten stark ein, da er außer dem Streamen von Videos fast nichts mehr unternimmt. Dadurch fällt es ihm immer schwerer, Kontakte aufrechtzuerhalten. Diese Teufelskreise wurden mit Lukas gemeinsam erarbeitet. Eine beispielhafte visuelle Darstellung, wie man den Teufelskreis gemeinsam mit dem Jugendlichen veranschaulichen kann, ist in ▶ Abb. 5.2 zu sehen. Dabei wird immer mit den angenehmen Folgen durch die Internetnutzung begonnen (z. B. Spaß, Ablenkung, Sicherheits- und Kompetenzerleben). Im Anschluss wird analysiert, welche negativen Folgen durch die exzessive Internetnutzung entstehen (z. B. Anschluss an Freundesgruppen oder Vereine gehen verloren). Im dritten Schritt wird erarbeitet, welche emotionalen Konsequenzen die negativen Folgen mit sich bringen (Einsamkeit, noch mehr Angst vor sozialen Situationen, Traurigkeit) und wie typischerweise mit diesen negativen Emotionen umgegangen wird (z. B. Ablenkung durch Internetnutzung).

Weiterhin wird mit Lukas erarbeitet, welche Faktoren bei ihm persönlich die Suchtentstehung begünstigt haben, und dass diese Faktoren innerhalb der Person liegen, aber auch die Umgebung betreffen können. Lukas nennt ein schon immer bestehendes ängstliches Temperament und Schüchternheit sowie Probleme, andere anzusprechen. Zudem bringt er an, dass das Internet einfach »immer verfügbar« sei und außerdem andere ablenkende Alternativen im pandemiebedingen Lockdown 2020 weggefallen seien, allein durch die Schulschließungen. Davon abgesehen berichtet Lukas von inkonsistenten und unklaren Regeln der Internetnutzung und einer konflikthaften Beziehung zu seinem Vater mit heftigen Wutausbrüchen, die auch dazu führten, dass Lukas sich in die digitalen Videos flüchte.

5.4.2 Psychoedukation mit Eltern

Frau und Herr Meyer suchen die Ambulanz wegen ihrer 14-jährigen Tochter Lara auf. Beide Eltern nehmen an einem Elterntraining teil und erzählen, dass Lara wiederholt von der Schule nach Hause komme, um direkt im Internet Videos zu schauen. Dabei interessierten sie v. a. Videos über koreanische K-Pop-Sängerinnen. Frau und Herr Meyer machten sich Sorgen um ihre Tochter, weil sie den ganzen Tag vor dem Bildschirm verbringe und zu nichts anderem zu motivieren sei. Dadurch gäbe es immer wieder Konflikte und verbale Auseinandersetzungen zwischen Eltern und Tochter, was die Beziehung sehr belaste. Mit ihnen wird das Teufelskreis-Modell zum Verständnis der Funktionalität des Verhaltens ihrer Tochter erarbeitet. Die Eltern beschreiben, dass Lara regelmäßig übellaunig von der Schule nach Hause komme. Sie werde in der Schule immer wieder von den

5.4 Anwendung der Störungsmodelle auf Fallbeispiele

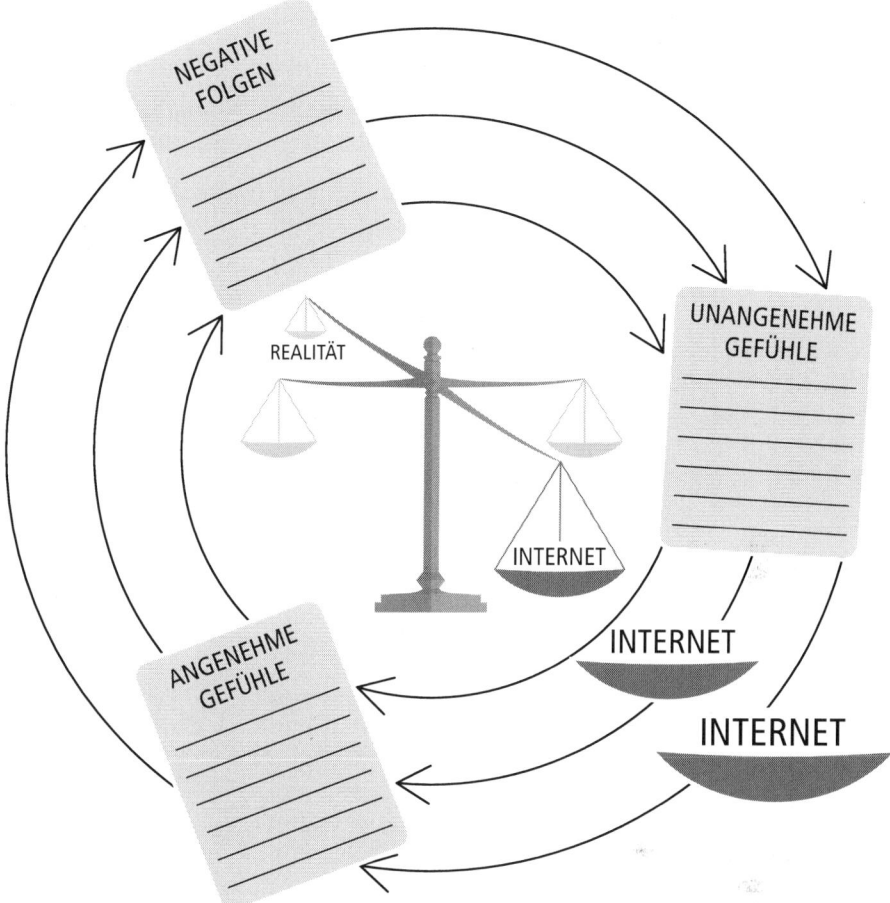

Abb. 5.2 : Beispiel für die Darstellung eines Teufelskreises.

anderen Jugendlichen ausgeschlossen. Das löse bei Lara Sorgen und Traurigkeit aus. Vor allem, weil sie sich nicht erklären könne, warum sie überhaupt ausgeschlossen werde. Zudem sei es für sie verletzend und verursache ein hohes Leiden. Mit dieser schlechten Laune gehe sie dann regelmäßig ins Internet, um sich mithilfe der Videos abzulenken. Mit den Eltern wird die Funktion dieses Verhaltens erarbeitet: Lara fühle sich durch das Videogucken kurzfristig besser, die Videos seien in dem Moment hilfreich und emotionsregulierend und haben somit eine Verstärkerfunktion. Mit den Eltern wird der operante Lernmechanismus erarbeitet: Aufgrund dieser kurzfristigen positiven Erfahrung wiederhole Lara ihr Verhalten, wenn erneut schlechte Stimmung aufkomme, und dieser Prozess automatisiere sich zunehmend. Mit den Eltern werden auch die langfristigen Folgen dieses Verhaltens erarbeitet: Die Eltern berichten, dass die Probleme mit den anderen Jugendlichen dadurch nicht abnähmen, sich eher verschlimmerten und Lara zudem noch schulische Leistungsdefizite aufbaue.

Zudem verschlechtere sich die Beziehung zu den Eltern aufgrund der permanenten Diskussionen um den Medienkonsum, was wiederum die Wahrscheinlichkeit erhöhe, dass Lara sich zurückziehe und die Zeit vor dem Bildschirm verbringe. Frau und Herr Meyer gelingt es, den Teufelskreis gut nachzuvollziehen und ihrerseits zu erarbeiten, was sie tun können, damit die Kommunikation nicht weiter eskaliert. Neben der Kommunikationsverbesserung liegt der Schwerpunkt im Elterntraining darin, Möglichkeiten zu explorieren, die Tochter im Aufbau alternativer, belohnender Aktivitäten zu unterstützen und gemeinsam Regeln für die Mediennutzung zu erarbeiten, um dem Vermeidungsverhalten der Tochter entgegenzuwirken.

In einem zweiten Schritt werden mit den Eltern mögliche Einflussfaktoren besprochen, die eine Internetsucht bei Lara begünstigt haben könnten. Die Eltern nennen dabei soziale Probleme in der Schule, schulische Leistungsdefizite sowie einen wiederkehrenden Konflikt zwischen den Eltern und Lara. Sie stritten häufig über ihren Internetkonsum und auch das könne Lara belasten, da dann familiär schlechte Stimmung herrsche.

5.5 Überprüfung der Lernziele

- Was sind Risikofaktoren für die Internet- und Computerspielsucht? Benennen Sie biologische, psychologische, soziale sowie nutzungsbedingte Faktoren.
- Beschreiben Sie eines der oben beschriebenen Ätiologie-Modelle der Internet- und Computerspielsucht vollständig.
- Wie nehmen Eltern und Gleichaltrige Einfluss auf die Entstehung und Aufrechterhaltung der Internet- und Computerspielsucht?

6 Psychotherapeutische Behandlung der Internet- und Computerspielsucht

> **Lernziele**
>
> - Sie wissen, was in der Therapieplanung und Zielfindung bei Internet- und Computerspielsucht zu beachten ist.
> - Sie wissen, wie ein typischer Therapieantrag bei Internet- und Computerspielsucht aufgebaut sein kann.
> - Sie kennen die typischen Therapiebausteine bei Internet- und Computerspielsucht

6.1 Fallbeispiel mit typischem Therapieantrag

Die 17-jährige Laura stellt sich in der Institutsambulanz aufgrund von familiären Konflikten, Stress und exzessivem Computerspielverhalten sowie exzessiver Nutzung sozialer Medien vor.

1. Relevante soziodemografische Daten:

17-jähriges Mädchen mit dem Wunsch, ein Junge zu sein, in der Ansprache jedoch Bevorzugung des weiblichen Pronomens. Das äußerliche Erscheinungsbild ist deutlich männlich. L. lebe im Wechsel bei ihrer Mutter (*1968, Angestellte) und ihrem Vater (*1966, Anwalt). Vor einem halben Jahr habe sie eine Ausbildung als Biologisch-Technische Assistentin begonnen.

2. Symptomatik und psychischer Befund:

L. fühle sich gestresst und habe das Gefühl, ihr Leben nicht gut bewältigen zu können. Sie berichtet von heftigen familiären Auseinandersetzungen mit beiden Eltern und einem sehr autoritären Erziehungsstil, die dazu führten, dass sie sich zu Hause die meiste Zeit zurückziehe und Videospiele spiele (v.a. The Legend of Zelda und Fortnite) oder viel Zeit mit Sozialen Netzwerken (v.a. Instagram und TikTok) verbringe. Umgekehrt sei der Medienkonsum auch oft Anlass für Streit. Auch zeigten ihre Eltern kein Verständnis für ihre Transidentität und würden diese nicht akzeptieren. Seit Schulabschluss habe sie keine Kontakte mehr mit ihren ehemaligen Mitschülerinnen und Mitschülern und berichtet von vergangenen Mobbingerfahrungen. In der Ausbildung habe sie noch keine neuen Freundschaften geknüpft, da sie Angst vor Zurückweisung habe, insbesondere aufgrund ihrer Transidentität. Somit habe sie sich seit über einem halben Jahr nicht mehr mit Gleichaltrigen verabredet. Online habe sie viele Freundschaften, hier trete sie als Junge auf, wähle sich zur Abwechslung aber manchmal auch weibliche Avatare. Videospiele und Soziale Netzwerke seien ihre wichtigste und einzige Freizeitbeschäftigung, die Online-Freundschaften seien sehr wichtig, sie habe ansonsten niemanden mehr und nichts anderes, was ihr Spaß mache. Oft vergesse sie die Zeit im Internet und gehe dann zu spät ins Bett, weshalb sie morgens schon ein paar Mal verschlafen habe und nicht zur Ausbildung gegangen sei. Ihre Chefin habe sie letzte Woche auf ihre Fehlzeiten angesprochen, woraufhin sie große Angst bekommen habe, ihren Ausbildungsplatz zu verlieren. Sie habe schon versucht, weniger zu spielen oder Instagram zu »fasten«, das habe aber immer nur für 2–3 Tage funktioniert. Eigentlich wisse sie, dass ihr der Medienkonsum nicht guttue, und dass sie dadurch ihre Probleme nicht lösen könne, aber das Muster habe sich irgendwie so eingespielt und sie mache es schon ganz automatisch, ohne darüber nachzudenken. Als Kind sei bei ihr ein ADHS diagnostiziert worden, das aktuell mit Atomoxetin behandelt werde.

Psychischer Befund:
17-jährige, sehr männlich wirkende Patientin, wach, bewusstseinsklar und zu allen Qualitäten orientiert. Auskunftsbereit und zugewandt im Kontakt. Psychomotorisch ruhig. Konzentration und Aufmerksamkeit intakt, anamnestisch Aufmerksamkeitsprobleme und Hypermotorik in der Vergangenheit. Affektiv gedrückt, Schwingungsfähigkeit reduziert, zeitweise auslenkbar. Keine Tics oder Zwänge feststellbar. Keine Auffälligkeiten im inhaltlichen oder formalen Denken. Nicht-suizidales selbstverletzendes Verhalten verneint. Lebensmüde Gedanken fast täglich, jedoch habe sie keinen konkreten Plan und ist glaubhaft von selbst- oder fremdgefährdenden Handlungen distanziert.

Psychodiagnostische Testverfahren:
Intelligenzdiagnostik (Wechsler Adult Intelligence Scale – Fourth Edition [WAIS-IV]): inhomogenes Leistungsprofil (Sprachverständnis = 112; Wahrnehmungsgebundenes logisches Denken = 137, Arbeitsgedächtnis = 83; Verarbeitungsgeschwindigkeit = 102). Depressionsdiagnostik (Beck-Depressions-Inventar [BDI-II]): Gesamtpunktwert = 19 Punkte, Hinweis auf eine leichte depressive Episode. ADHS Diagnostik (Diagnostik-System für psychische Störungen nach ICD-10 und DSM-5 für Kinder und Jugendliche-III [DISYPS-III], Selbstberichtsbogen [SBB] ADHS): klinisch auffällig auf der Skala »Unaufmerksamkeit«. Allgemeine Psychopathologie (Youth Self Report [YSR/11–18R]): klinisch auffällig auf den Skalen »ängstlich/depressiv«, »körperliche Beschwerden«, »Aufmerksamkeitsprobleme« und auf der übergeordneten Skala »internale Probleme«. Das mit Laura durchgeführte Kinder-DIPS bestätigt die Diagnosen F90.0 (einfache Aktivitäts- und Aufmerksamkeitsstörung) und F32.0 (leichte depressive Episode).

Ergänzende Durchführung des Interviews für Computerspiel- und Internetabhängigkeit. Sie erfüllt die Kriterien sowohl für die Computerspielstörung als auch für die Soziale-Netzwerke-Nutzungsstörung mit der Einschränkung, dass das exzessive Nutzungsmuster erst seit acht Monaten vorliegt (Zeitkriterium laut DSM-5: 12 Monate). Aufgrund des Schweregrads der Symptomatik und der damit verbundenen Entwicklungsrisiken werden, in Übereinstimmung mit den Empfehlungen im DSM-5, die Diagnosen dennoch vergeben und mit dem ICD-10 Schlüssel F63.8 (Computerspiel- und Soziale-Netzwerke-Nutzungsstörung) kodiert, um die entsprechenden gegensteuernden Maßnahmen im Therapieplan zu berücksichtigen.

3.   Somatischer Befund:

V. a. Östrogenmangel E28.3; aktuell Medikation der vordiagnostizierten ADHS mit Atomoxetin.

4.   Bedingungs- und Funktionsanalyse:

Makroanalyse:
Es ist von einer multifaktoriellen Genese der Internet- und Computerspielsucht auszugehen. Nach dem Modell der erlernten Hilflosigkeit von Seligman (1974) können die belastenden Lebensereignisse (z. B. die Konflikte mit den Eltern, die Ausgrenzung durch Mitschüler*innen im Zusammenhang mit der Transidentität) und der autoritäre Erziehungsstil der Eltern, den Laura als unvorhersehbar und unkontrollierbar erlebte, die Entstehung einer depressiven Symptomatik begünstigt haben. Aufgrund unzureichend ausgebildeter Emotionsregulationsstrategien und einer Präferenz für unmittelbare Belohnungen bei gleichzeitig reduzierter Impulskontrollfähigkeit (erhöhte Vulnerabilität durch die ADHS), konnte sie die emotionale Belastung nicht adäquat kompensieren und reagierte mit exzessivem Medienkonsum zur Emotionsregulation, über den sie zunehmend die Kontrolle verlor und andere Lebensbereiche dadurch weiter vernachlässigte. Durch die Priorisierung des Medienkonsums und den sozialen Rückzug verstärkte sich der Freud- und Motivationsverlust in anderen Lebensbereichen, einhergehend mit einem weiteren Verstärkerverlust (Lewinsohn, 1974) und einer Verstärkung des depressiven Erlebens. Die Internet- und Computerspielsucht ist somit als dysfunktionale Emotionsregulationsstrategie zu verstehen, die kurzfristig emotionales Leid lindern kann.

Mikroanalyse:
Situation: Mutter sagt zu Laura, dass sie es niemals zu etwas bringen werde und dass ihr Wunsch, ein Junge zu sein, nichtig sei.
Organismus: erhöhte Sensibilität, verminderte Impulskontrollfähigkeit bedingt durch die ADHS
Reaktion (kognitiv): »Ich bin nichts wert. Nicht einmal meine Mutter akzeptiert mich. Ich bin eine Schande.«
Reaktion (emotional): Traurigkeit, Wut, Hoffnungslosigkeit

Reaktion (physiologisch): Anspannung, Herzklopfen, Zittern
Reaktion (behavioral): Weinen, zieht sich zurück, schaltet den Computer an und spielt mit ihren virtuellen Freund*innen bis tief in die Nacht Videospiele
Konsequenzen (kurzfristig): Vermeidung von Minderwertigkeitsgefühlen (₵-); Beruhigung und Entspannung (C+), Ablenkung von Traurigkeit (₵-), Spaß (C+), Freude (C+), Gefühl der Eingebundenheit (C+), Stolz (C+), Selbstwirksamkeitserleben (C+).
Konsequenzen (langfristig): dysfunktionale Kognitionen und Traurigkeit bleiben bestehen (C-), Konflikt mit Mutter bleibt bestehen (C-), Übermüdung (C-), berufliche Laufbahn wird gefährdet (₵+).

5. Diagnosen nach dem Multiaxialen Klassifikationsschema

Achse 1: Einfache Aktivitäts- und Aufmerksamkeitsstörung (F90.0), Computerspiel- und Soziale-Netzwerke-Nutzungsstörung (F63.8), leichte depressive Episode (F32.0).
Achse 2: leer.
Achse 3: Grenzbereich durchschnittliche – überdurchschnittliche Intelligenz, inhomogenes Profil.
Achse 4: Partielle primäre Ovarialinsuffizienz mit primärer Amenorrhoe.
Achse 5: Abweichende Elternsituation (Z61.0).
Achse 6: mäßige soziale Beeinträchtigung.

6. Therapieplan:

Aufbau von Störungsverständnis, insbesondere Teufelskreis aus maladaptiver Emotionsregulation durch Suchtverhalten, vermehrten Konflikten und depressivem Erleben, Verständnis von individuellen Risikofaktoren (ADHS, belastende Lebensumstände) und aufrechterhaltendem Verhalten (exzessiver Medienkonsum, Suchtverhalten). Erarbeitung von Veränderungsmotivation in Bezug auf den Medienkonsum. Aufbau belohnender und funktionaler Aktivitäten, Substitution des dysfunktionalen Medienkonsums durch alternative Aktivitäten. (Teil-)Abstinenz von bestimmten Medienanwendungen und Risikoreduktion durch Stimuluskontrolltechniken. Aufbau von Emotionswahrnehmung und Emotionsverständnis, Aufbau von adaptiven Emotionsregulationsstrategien, insbesondere kognitive Strategien, psychophysiologische Strategien und achtsamkeitsbasierte Strategien sowie deren flexibler Einsatz. Aufbau eines selbstsicheren Verhaltens und Verbesserung sozialer Kompetenzen durch Rollenspiele (wie reagiere ich auf Beleidigungen oder auf Situationen, in denen die Geschlechterfrage thematisiert wird), Selbstbeobachtungen und Übungen im Alltag. Wiederholung und Festigung von Strategien auch in Bezug auf die ADHS, Training sozialer Kompetenzen und Kommunikationsstrategien. Psychoedukation zum Thema Transidentität sowie zur kognitiven Triade der depressiven Symptomatik, Abbau von dysfunktionalen Kognitionen, Selbstabwertung und Schuldgefühlen durch Hinterfragen dysfunktionaler Grundüberzeugungen und kognitive Umstrukturierung. Behandlung der Geschlechtsdysphorie, Hinterfragen von Rollen- und

Erwartungsbildern von Mann- und Frausein, Hinterfragen von dysfunktionalen Kognitionen zum Thema »anders sein«, Förderung einer gesunden Geschlechts- und Ich-Identität. Aufbau von Selbstwert und Selbstwirksamkeitserleben durch ressourcenorientierte Methoden, positive Aktivitäten und Selbstfürsorge. Wenn von L. erlaubt, Einbezug der Eltern zur Identifikation und Aufbau eines Verständnisses von eigenen Anteilen zur Aufrechterhaltung der Symptomatik von L., Reduktion strafender Erziehungspraktiken, Verbesserung einer validierenden Kommunikation und eigenen Emotionsregulation. Zusätzlich Elternberatung und Psychoedukation in Bezug auf Transidentität, mögliche negative Gefühle der Eltern ansprechen, wie Enttäuschung, Umgang mit Befürchtungen. Unterstützung der Eltern, die Transidentität zu verstehen und zu akzeptieren, Anbahnung der Zusammenarbeit mit Fachberatungsstellen.

Prognostisch herausfordernd ist die Komplexität der Symptomatik mit sich gegenseitig bedingenden und aufrechterhaltenden Mechanismen. Durch die hohe Veränderungsmotivation von L., die medikamentös gut behandelte ADHS, die strukturgebende Ausbildung und das sehr gute kognitive Niveau ist jedoch von einer ausreichend günstigen Prognose auszugehen.

6.2 Therapiebausteine

Die störungsspezifische kognitive Verhaltenstherapie zur Behandlung von Internet- und Computerspielsucht basiert auf Techniken, die darauf abzielen, Entstehungs- und aufrechterhaltende Mechanismen zu verändern. Zu den zentralen Therapiebausteinen bei einer Internet- und Computerspielsucht zählen die Zielfindung, der Motivationsaufbau, die Erarbeitung eines individuellen Störungsmodells, der Aufbau adaptiver Emotionsregulationsstrategien, der Aufbau belohnender Aktivitäten, die Verhaltenssubstitution, die Löschung durch (Teil-)Abstinenz und Stimuluskontrolltechniken. Für viele der nachfolgend beschriebenen Therapiebausteine sind störungsspezifische Arbeitsblätter im PROTECT-Manual beschrieben (Lindenberg et al., 2020), dessen Wirksamkeit sowohl in der ambulanten Gruppenpsychotherapie (Szász-Janocha, Vonderlin & Lindenberg, 2020b, 2020a) als auch in der indizierten Prävention (Lindenberg et al., 2022) nachgewiesen wurde.

6.2.1 Zielfindung

Typischerweise steht zu Beginn eine ausführliche Aufklärung über die Inhalte und den Umfang der Behandlung sowie eine gemeinsame Definition von Therapiezielen. Eine Besonderheit bei der Internet- und Computerspielsucht besteht in der üblicherweise großen Diskrepanz in der Symptomwahrnehmung und im Leidensdruck zwischen Eltern und Kind. Die Jugendlichen empfinden die elterlichen

Vorstellungen zur Mediennutzung häufig als überzogen und zu streng. Nur selten kommen Jugendliche eigenmotiviert, um ihr Onlinenutzungsverhalten zu verändern. Die Vorstellung der Jugendlichen erfolgt oft auf Wunsch der Eltern, die einen starken Leidensdruck haben und sich große Sorgen aufgrund des Medienkonsums ihrer Kinder machen. Sie wünschen sich dabei häufig eine Positionierung durch die Therapeut*innen, wie viele Stunden Onlinezeit denn pro Tag zu empfehlen seien. Für eine absolute Stundenzahl pro Tag gibt es jedoch keine empirische Evidenz. Viel eher kommt es darauf an, wie viele alternative belohnende Elemente im Alltag Platz haben und tatsächlich stattfinden. Wichtig für die Spezifizierung der Therapieziele ist deshalb die Exploration, ob die Schwierigkeiten durch die Quantität, die Frequenz oder Dauer, den situativen Kontext, die inhaltliche Nutzung oder durch die Funktion der Nutzung der Onlinemedien entstehen und wie viel Zeit die Konflikte rund um den Medienkonsum einnehmen.

Wenn insbesondere eine ganz *bestimmte Anwendung* zu Kontrollverlust und Schwierigkeiten (durch Quantität, die Frequenz oder Dauer) führt, kann es sinnvoll sein, auf diese bestimmte Anwendung vorübergehend oder dauerhaft komplett zu verzichten und dadurch den erlernten Suchtmechanismus zu löschen (▶ Kap. 6.2.7). Dazu können z. B. ein Abonnement oder ein Account von einem bestimmten Online-Rollenspiel gelöscht werden, ein bestimmtes Endgerät (z. B. Konsole) abgeschafft oder auch Accounts von bestimmten Sozialen Netzwerken gelöscht werden. In anderen Fällen kann es sinnvoll sein, das Risiko zu reduzieren, indem *Zeitsperren* definiert werden (z. B. Sperren vor oder nach einer bestimmten Uhrzeit, beschränkte Gesamtnutzungsdauer pro Tag) oder die Geräteausstattung im Haushalt räumlich verändert wird. Stehen die *inhaltliche Nutzung* oder die *Funktion der Nutzung* im Vordergrund, kann ein Therapieziel sein, die *dysfunktionale* Mediennutzung abzubauen (z. B. Abbau von exzessiver Mediennutzung als Vermeidungsstrategie oder als dysfunktionale Emotionsregulationsstrategie, Abbau von automatisierten Gewohnheiten und Prokrastinationstendenzen oder Abbau von Konflikten aufgrund des Medienkonsums) und funktionalere Strategien aufzubauen.

6.2.2 Motivationsaufbau

In der Regel haben Jugendliche wenig Problemeinsicht und dementsprechend eine niedrige Veränderungsmotivation, die ihren Medienkonsum betrifft. Sie empfinden subjektiv kaum Leidensdruck aufgrund des Medienkonsums. Es ist ein störungsinhärentes Symptom, dass die Problematik bagatellisiert oder geleugnet wird, und eine direkte Konfrontation mit der Problematik führt schnell zu Reaktanz. Umgekehrt ist bei Eltern der Leidensdruck sehr hoch und ihr Wunsch nach einer Veränderung der Kinder ebenfalls hoch. Sie unterschätzen dagegen die elterlichen Möglichkeiten, ihr Kind bei der Überwindung der Problematik zu unterstützen und eigene aufrechterhaltende Interaktionen zu verändern. Aus diesen Gründen ist der *Aufbau* von sowohl kindlicher als auch elterlicher *Problemeinsicht*, *Problemverständnis* und *Veränderungsmotivation* bei Verhaltenssüchten von besonderer Bedeutung. Dies kann durch verschiedene Übungen erreicht werden, wie z. B. (1) Pro-Contra-Listen mit Balkenwaage oder (2) Stellvertreter*innen-Geschichten mit Teufelskreismodell, die auch im PROTECT-Manual zu finden sind.

Pro-Contra-Listen und Balkenwaage

In der Arbeit mit Kindern und Jugendlichen haben sich niederschwellige und dissonanzbasierte Ansätze bewährt, die die Funktionalität der Mediennutzung betonen. Typischerweise werden anhand von *Pro-Contra-Listen* mithilfe eines 4-Felder-Schemas jeweils Vor- und Nachteile sowohl der realen als auch der virtuellen Welt gesammelt. Als Metapher kann eine *Balkenwaage* eingeführt werden, um zu explorieren, wann die Balance zwischen virtueller und realer Welt im individuellen Fall noch gegeben ist und woran man das erkennen kann. Häufig genannte Punkte für ein ausgewogenes Verhältnis sind der flexible Wechsel zwischen den Welten und freie Wahl- und Kontrollmöglichkeiten, positive Emotionen und Erlebnisse in beiden Welten und keine ausgeprägte Dominanz der virtuellen Welt auf Kosten der realen Welt.

Stellvertreter*innen-Geschichten und Teufelskreismodell

Zum Aufbau von Problemeinsicht und Veränderungsmotivation hat sich darüber hinaus die Arbeit mit *fiktiven Fallbeispielen* (Stellvertreter*innen-Geschichten) bewährt, mit denen sich die Kinder und Jugendlichen identifizieren können. Sie beschreiben aus Sicht eines Protagonisten oder einer Protagonistin typische Alltagssituationen von Kindern und Jugendlichen in ähnlichem Alter, deren kognitive, physiologische und emotionale Reaktionen sowie die verhaltensbezogene Reaktion. Hierbei handelt es sich typischerweise um ein Mediennutzungsverhalten, das sich kurzfristig als funktional erweist und mit kurzfristig mit positiven Emotionen durch die Mediennutzung einhergeht. Im Verlauf der Geschichte werden aber auch die negativen Folgen durch die Mediennutzung beschrieben sowie die darauffolgenden negativen Emotionen. Die Fallbeispiele eignen sich zur Psychoedukation (siehe auch ▶ Kap. 6.2.3) und zum Verständnis des Teufelskreises aus Vermeidung, Problemaggravation und Verselbstständigung des Suchtverhaltens. Anhand der Fallbeispiele können die Mechanismen verstanden werden, ohne von Beginn an über die eigene Problematik zu sprechen, die zu diesem Zeitpunkt typischerweise bagatellisiert und geleugnet wird.

Beide Methoden (Pro-Contra-Liste mit Balkenwaage, Stellvertretergeschichten) können sowohl mit Kindern und Jugendlichen als auch in der Elternarbeit Anwendung finden. Durch die Erarbeitung eines stellvertretenden Teufelskreismodells und Tipps für die fiktiven Protagonist*innen soll bei den betroffenen Jugendlichen Dissonanz induziert und dadurch eine Änderungsmotivation bezüglich der eigenen Symptomatik aufgebaut werden ohne Reaktanz zu erzeugen. In der Elternarbeit steht insbesondere das Verständnis der Funktionalität und die kurzfristig regulierende Wirkung der Mediennutzung im Vordergrund.

6.2.3 Individuelles Störungsmodell

Internet- und Computerspielsucht können isoliert auftreten oder gemeinsam mit anderen psychischen Störungen. Diese können der Verhaltenssucht vorangehen und die Vulnerabilität erhöhen (wie z. B. eine komorbide ADHS), sie können aber auch Folge der Verhaltenssucht sein oder zeitgleich auftreten und sich gegenseitig verstärken. Aufbauend auf dem fiktiven Teufelskreismodell zum Stellvertreter*¬innen-Fallbeispiel kann im zweiten Schritt ein individuelles Teufelskreismodell erarbeitet werden. Im Zentrum sollte dabei die kurzfristige Funktionalität der Mediennutzung stehen sowie der Teufelskreis aus negativen Konsequenzen, negativen Emotionen und habitueller Regulation negativer Emotionen durch vermehrte Mediennutzung. Arbeitsblätter zur Erarbeitung eines individuellen Suchtteufelskreises sind im PROTECT-Manual zu finden.

6.2.4 Aufbau flexibler Emotionsregulationsstrategien

Die Emotionsregulation stellt einen bedeutenden Faktor in der Störungsgenese sowie für die Aufrechterhaltung von Suchterkrankungen dar. Laut DSM-5 definiert der Einsatz von Gaming zur Emotionsregulation sogar ein eigenständiges Diagnosekriterium der Internet Gaming Disorder. Dieselben Mechanismen werden auch für die Nutzung von anderen Online-Anwendungen (z. B. Soziale-Netzwerke oder Streaming) angenommen. Für problematisches Gaming konnten Assoziationen mit übermäßiger Rumination sowie weiteren maladaptiven Emotionsregulationsstrategien wie Selbstvorwürfen und Katastrophendenken gefunden werden (Kökönyei et al., 2019). Vermutlich ist die Internetnutzung eine einfache Strategie, einen Mangel an Belohnungserleben im Alltag durch schnellen Lustgewinn zu kompensieren und unangenehme Situationen zu vermeiden (Unlustvermeidung). Eine Längsschnittstudie von Wartberg und Lindenberg (2020) fand, dass sowohl internalisierende Störungen als auch maladaptive Emotionsregulationsstrategien mit Internet- und Computerspielsucht assoziiert sind. Im multiplen Vergleich verblieben jedoch lediglich die maladaptiven Emotionsregulationsstrategien als Prädiktor für eine Persistenz der Problematik von Internet- und Computerspielsucht bestehen. Vermutlich sind deshalb die maladaptiven Emotionsregulationsstrategien (in der genannten Studie gemessen durch Aufgeben, aggressives Verhalten, Rückzug, Selbstabwertung oder Perseveration) besonders relevant, die sowohl internalisierenden Störungen als auch Online-Verhaltenssüchten transdiagnostisch gemeinsam sind.

In der Psychotherapie nimmt deshalb der Aufbau adaptiver Emotionsregulationsstrategien einen zentralen Stellenwert ein. Im PROTECT-Manual enthalten die Bausteine zur Emotionsregulation zunächst Psychoedukation zur Funktionalität von Emotionen, Wissensvermittlung zum Emotionsverständnis, Strategien zur verbesserten Emotionswahrnehmung sowie Strategien zur Regulation von unangenehmen Emotionen (z. B. Langeweile, Angst, Einsamkeit, Wut oder Trauer).

In der Psychoedukation steht die Schulung der Wahrnehmung von angenehmen vs. unangenehmen Emotionen in verschiedenen Situationen (reale vs. virtuelle

Welt) im Vordergrund. Dabei wird Wissen über die handlungsleitende Funktion verschiedener Emotionen vermittelt sowie Wissen über das temporäre Erleben und die Beeinflussbarkeit unangenehmer, emotionaler Zustände durch kognitive, psychophysiologische, achtsamkeitsbasierte, imaginative und behaviorale Emotionsregulationsstrategien.

Kognitive Emotionsregulationsstrategien basieren auf dem kognitiv-verhaltenstherapeutischen ABC-Modell, nach welchen die bewertenden Kognitionen (B) bezüglich einer bestimmten Situation (A) die emotionalen und behavioralen Konsequenzen (C) auslösen. Beispielsweise führt in der Situation einer angekündigten Mathearbeit (A) der Gedanke »Ich werde Mathe nie verstehen« (B) zur emotionalen Konsequenz der Angst und Hoffnungslosigkeit (C) und zur Verhaltenstendenz, Videospiele zu spielen, um die Beschäftigung mit dem Thema zu vermeiden. Verschiedene Techniken der kognitiven Umstrukturierung können eingesetzt werden, um die der Bewertung zugrundeliegenden dysfunktionale Kognitionen zu identifizieren, zu hinterfragen, neu zu bewerten und mit einer daraus neu entstandenen emotionalen Konsequenz abzugleichen. Der Alternativgedanke »Ich habe ja noch eine Woche Zeit, um zu lernen und kann jemanden um Hilfe bitten« (B^{neu}) führt eher zu dem Gefühl der Zuversicht (C^{neu}) und zu der Verhaltenstendenz, rechtzeitig anzufangen zu lernen und die Arbeit nicht aufzuschieben. Für die kognitive Umstrukturierung eignen sich typische, kognitiv-verhaltenstherapeutische Disputtechniken (empirischer Disput, logischer Disput, normativer Disput, funktionaler Disput und hedonistischer Disput), Techniken des sokratischen Dialogs sowie die Spaltentechnik (Schlarb & Stavemann, 2011).

Auch hierzu gibt es störungsspezifische Arbeitsblätter im PROTECT-Manual. Um die Emotionswahrnehmung und das Emotionsverständnis zu trainieren, werden fiktive Fallbeispiele und eine Satellitenübung verwendet. Die sogenannte Reality-Check-Übung enthält eine Anleitung zur kognitiven Umstrukturierung und dadurch zur kognitiven Emotionsregulation, die Gedanken-Stopp-Übung trainiert die Aufmerksamkeitslenkung auf hilfreichere Kognitionen. Darüber hinaus werden psychophysiologische Emotionsregulationsstrategien zur Reduktion von Anspannung angeboten, wie auch achtsamkeitsbasierte Strategien zur Verbesserung der Sinneswahrnehmung und imaginative Strategien zur Vermittlung von Sicherheitserleben. Behaviorale Strategien zur Emotionsregulation werden in ▶ Kap. 6.2.5 beschrieben.

6.2.5 Aufbau belohnender Aktivitäten

Gaming ist mit einem starken Belohnungserleben assoziiert. Diese Wirkung ist bei Menschen mit viel Computerspielerfahrung sogar deutlich erhöht, d. h., während des Gamings zeigen Menschen mit viel Computerspielerfahrung auch mehr Aktivierung im mesolimbischen Belohnungssystem als Menschen mit wenig Computerspielerfahrung (Dong, Wang, Du & Potenza, 2017). Sie zeigen zudem ein größeres Volumen des linken ventralen Striatums (Kühn et al., 2011). Dieses veränderte strukturelle Merkmal wird als Korrelat veränderter Belohnungsverarbeitung interpretiert, die durch die Computerspielerfahrung verursacht wird. Therapeutisch ist es deshalb sehr herausfordernd, Aktivitäten mit den Betroffenen zu identifizieren, die auch nur annähernd so belohnend wirken wie Gaming, aber funktionaler sind. Ungünstig wäre der Ersatz durch andere exzessive, kurzfristig belohnende Verhaltensweisen wie Essen, Shoppen oder Sex, die ebenfalls zu Verhaltenssüchten führen können. Deshalb sollte eine ausführliche Psychoedukation über Wirkungsintensität und -dauer, Verlauf und Nachhaltigkeit sowie langfristige Funktionalität der alternativen Aktivitäten erfolgen. Durch entsprechende Pro-Contra-Listen kann Motivation aufgebaut werden, die alternative Aktivität einzusetzen, obwohl sie kurzfristig weniger belohnend wirkt als die Ursprungsaktivität. Aus der Depressionsforschung ist bekannt, dass Aktivitäten besonders belohnend wirken, die (1) Bewegung, (2) Erfolg, (3) Gesellikgeit, (4) Hilfsbereitschaft oder (5) Natur enthalten (Rohde, Stice, Shaw & Gau, 2016), und dass vermutlich die Kombination aus verschiedenen Kategorien besonders belohnend ist. Hilfreich ist deshalb eine Skalierung der Belohnungsintensität von Gaming oder anderen Internetanwendungen und parallel eine kurz- und langfristige Skalierung der Belohnungsintensität der alternativen Aktivitäten. Die größte Herausforderung beim Aktivitätsaufbau ist die Überwindung der sogenannten »Intentions-Verhaltens-Diskrepanz« (intention-behavior-gap), denn die Sammlung von Ideen für alternative Aktivitäten fällt Patientinnen und Patienten deutlich leichter als deren Umsetzung. Im PROTECT-Training sollen sich die Patient*innen deshalb noch während der Therapiesitzung nach gründlicher Abwägung von Vor- und Nachteilen für eine Aktivität entscheiden, die sie in der kommenden Woche ausprobieren. Das Sammeln von Alternativen, Abwägen von Vor- und Nachteilen, Entscheiden, Ausprobieren und Evaluieren folgt einem strukturierten Vorgehen in Anlehnung an Problemlösetrainings. Die Patient*innen verpflichten sich vor der gesamten Gruppe, ihre gewählte Aktivität auszuprobieren (Dissonanzinduktion) und benennen auch den konkreten Ort, die Zeit, ggf. Erinnerungs- und Verpflichtungshilfen (konkrete Verabredung, Erinnerungsnachricht). Der Aktivitätsaufbau kann auch operant verstärkt werden.

6.2.6 Verhaltenssubstitution

Als störungsspezifische Therapietechnik für die Behandlung der Internet- und Computerspielsucht möchten wir den Begriff der *Verhaltenssubstitution* einführen. Der Begriff geht auf die Substitutionsbehandlung in der Suchttherapie zurück. Eine Substitution bei substanzgebundenen Süchten zielt darauf ab, eine Substanz zuzuführen, die ebenfalls belohnend (C+) und kompensierend (₡-) wirkt, die aber weniger schädlich ist als die Ursprungssubstanz. Die Nähe der Ätiologie und Funktionalität zu den stoffgebundenen Süchten wurden bereits in den vorangegangenen Abschnitten erläutert. Ausgehend von der Annahme, dass auch bei Verhaltenssüchten das süchtige Verhalten belohnend (C+) und kompensierend (₡-) wirkt, soll die Verhaltenssubstitution darauf abzielen, diese Wirkung durch adaptiveres, langfristig hilfreicheres Verhalten zu erzielen. Dementsprechend kann eine Verhaltenssubstitution erfolgen, sobald alternative Aktivitäten aufgebaut wurden und zur Verfügung stehen. Die Verhaltenssubstitution umfasst den gezielten Einsatz der alternativen Aktivität *an Stelle* des exzessiven Computerspielens oder der exzessiven

Nutzung anderer Online-Medien. Wie beim Aktivitätsaufbau ist auch bei der Verhaltenssubstitution eine Psychoedukation und ein Motivationsaufbau wichtig, denn das Substitutionsverhalten wird in der Regel nicht so unmittelbar und nicht so intensiv wirken wie das Suchtverhalten und nicht so mühelos zu erreichen sein. Ähnlich wie beim Skills-Training zur Reduktion von nicht-suizidalem selbstverletzenden Verhalten sollte die Psychoedukation die Einsicht fördern, dass trotz geringerer Wirkungsintensität das Ersatzverhalten langfristig hilfreicher ist.

6.2.7 Löschung durch (Teil-)Abstinenz

In der Suchttherapie hat die Abstinenzbehandlung einen besonderen Stellenwert. Da es sich bei Suchterkrankungen ätiologisch um erlernte (konditionierte) Mechanismen handelt, ist lerntheoretisch die Löschung des Suchtteufelskreises (durch eine Abstinenz) die Methode der Wahl. Während ein Suchtmittelkonsum relativ klar umschrieben ist und eine Abstinenz klar definiert werden kann, sind die Grenzen des Internetkonsums deutlich diffuser. Ein kompletter Verzicht auf das Internet ist in den meisten Kulturkreisen nicht vorstellbar. Deutlich realistischer ist ein Verzicht auf bestimmte Endgeräte, bestimmte Videospiele oder Anwendungen, oder bestimmte Soziale Netzwerke. Eine Abstinenz bei Internet- und Computerspielsucht bedeutet deshalb beispielsweise das Löschen eines Accounts inklusive seines Avatars, unter Umständen einhergehend mit der Kündigung des Abonnements. Bisher gibt es keine empirische Evidenz dazu, in welchen Fällen eine (Teil-)Abstinenz notwendiger Bestandteil einer Therapie sein sollte. Aktuell erfolgt diese Entscheidung anhand des Schweregrads der Symptomatik und unterliegt dem klinischen Urteil.

Alternativ sind bei milderen Verlaufsformen ein situativer Verzicht (z. B. keine Konsole im Kinderzimmer) oder zeitlich umschriebener Verzicht (z. B. keine Videospiele vor einer bestimmten Uhrzeit, Videospiele nur einmal pro Woche für eine bestimmte Zeit) im Sinne einer kontrollierten Nutzung denkbar. Nach einer gewissen Zeit der Abstinenz kann der Versuch erfolgen, sich mit dem suchtauslösenden Stimulus zu konfrontieren, aber die übliche Reaktion zu verhindern (Exposition mit Reaktionsverhinderung). Lerntheoretisch kommt es hierbei zu einer Habituation und einer Reduktion des Cravings. Beispiele für therapeutische Interventionen zur Abstinenz und Exposition mit Reaktionsverhinderung finden sich im STICA Manual für Jugendliche ab 16 Jahren und Erwachsene (Wölfling et al., 2013).

6.2.8 Stimuluskontrolltechniken

Während die Verfügbarkeit von Medien als Risikofaktor für eine Internet- und Computerspielsucht gilt, zählt umgekehrt eine Einschränkung der Verfügbarkeit zu den effektivsten Methoden, das Verhalten zu regulieren. Die Versuchung ist geringer, wenn die Medien schlichtweg nicht zur Verfügung stehen. Effektive Stimuluskontrollstrategien umfassen insbesondere technische Möglichkeiten der Grenzsetzung. Hier bieten sich beispielsweise Familienaccounts an, über die Eltern die Freigabe der Bildschirmzeiten ihrer Kinder kontrollieren können (z. B. morgens nicht vor einer gewissen Uhrzeit, abends nicht nach einer gewissen Uhrzeit, maximale Nutzungszeit für bestimmte Anwendungen). Auch das gesamte WLAN im Haushalt kann ab einer gewissen Uhrzeit gesperrt werden. Konsolen oder andere Endgeräte können in verschlossenen Schränken aufbewahrt werden. Die Regeln und die entsprechenden unterstützenden Stimuluskontrolltechniken sollten von Eltern und Kindern gemeinsam erarbeitet und beispielsweise in Mediennutzungsverträgen festgehalten werden.

6.2.9 Behandlung von Komorbiditäten

Bisher gibt es keine empirische Evidenz für eine bestimmte Behandlungshierarchie bei Internet- und Computerspielsucht, die komorbid mit anderen Störungen auftritt. Klinischer Konsens ist, dass alle Diagnosen leitliniengetreu behandelt werden sollten und mit der am stärksten beeinträchtigenden Störung begonnen werden sollte.

6.2.10 Pharmakotherapie

Zur pharmakologischen Therapie der Internet- und Computerspielsucht wurden bisher die Substanzen Escitalopram, Bupropion, Atomexetin und Methylphenidat untersucht. Die insgesamt sehr wenigen Studien stammen aus einer Arbeitsgruppe im südkoreanischen Seoul und in den Kohorten wurden Kinder, Jugendliche und Erwachsene gemischt untersucht. Bei komorbidem ADHS konnten erste Studien zeigen, dass sich bei entsprechender medikamentöser ADHS-Behandlung (durch Methylphenidat oder Atomoxetin) auch die Symptome der Internet- und Computerspielsucht kurzfristig (über 12 Wochen) reduzierten (D. H. Han et al., 2009; Park, Lee, Sohn & Han, 2016). Ähnliche Befunde finden sich bei medikamentöser Begleitbehandlung von komorbiden depressiven Störungen oder Angststörungen mit Bupropion und Escitalopram über 12 Wochen (D. H. Han, Hwang & Renshaw, 2011; D. H. Han & Renshaw, 2012; Nam, Bae, Kim, Hong & Han, 2017; Song et al., 2016). Eine Pharmakotherapie sollte deshalb nur dann in Erwägung gezogen werden, wenn eine klare Indikation zur medikamentösen Begleitbehandlung einer vorliegenden Komorbidität gegeben ist.

6.2.11 Elternarbeit

In der Arbeit mit Bezugspersonen finden sich in der Literatur Ansätze zur Psychoedukation, zur Verbesserung der Kommunikation und Deeskalation, zur Unterstützung in der Einführung und Umsetzung von Regeln und Nutzungsverträgen, operante Techniken, Maßnahmen zur Stärkung des elterlichen Monitorings und der elterlichen Präsenz sowie Beratung zum Jugendschutz oder zur Umsetzung technischer Maßnahmen der Grenzsetzung. Über die Wirkung der verschiedenen Ansätze auf die Kernsymptomatik bei den Betroffenen ist bisher wenig bekannt. Aus der Lerntheorie abgeleitet kann auch der Ansatz sinnvoll sein, die Medienzeiten der Kinder am Block anstatt verteilt zu genehmigen, um Gewohnheiten zu vermeiden.

Erste empirische Evidenz gibt es für Elterntrainings mit einem Fokus auf der Verbesserung der Eltern-Kind-Kommunikation (Brandhorst et al., 2021).

6.3 Stand der Psychotherapieforschung

Im Rahmen der AWMF Leitlinie zu Internetnutzungsstörungen wurde unter anderem eine systematische Literaturrecherche zur Behandlung der Computerspielstörung im Kindes- und Jugendalter durchgeführt. Aus 250 identifizierten Veröffentlichungen zu Interventionsstudien der letzten 10 Jahre wurden nach Abstract- und Volltextsichtung insgesamt 16 Studien mit akzeptabler Studienqualität eingeschlossen (González-Bueso et al., 2018; D. H. Han & Renshaw, 2012; D. H. Han, Kim, Lee & Renshaw, 2012; X. Han et al., 2018; Hong et al., 2020; Kim, Han, Lee & Renshaw, 2012; Li & Wang, 2013; Q.-X. Liu et al., 2015; Martín-Fernández et al., 2017; Moll, Thomasius, Thomsen & Wartberg, 2014; Nielsen et al., 2021; Park et al., 2016; Sakuma et al., 2017; Song et al., 2016; Szász-Janocha et al., 2020a; Torres-Rodríguez, Griffiths, Carbonell & Oberst, 2018). Insbesondere die störungsspezifische kognitive Verhaltenstherapie und Interventionen mit intensivem Einbezug der Eltern zeigten vielversprechende Ergebnisse zur Behandlung der Computerspielstörung. Die störungsspezifischen Methoden der kognitiven Verhaltenstherapie beinhalten insbesondere den Aufbau belohnender Aktivitäten, Strategien zur adaptiven Emotionsregulation, operante Methoden zur Löschung und Substitution der konditionierten Suchtteufelskreise und kognitive Interventionen. Insgesamt zeigt sich aber noch großer Forschungsbedarf zur Verbesserung der noch relativ dünnen Evidenzlage zur differenziellen Wirksamkeit spezifischer Therapiemethoden bei Kindern und Jugendlichen (Lindenberg, Wartberg & Noack, in prep).

6.4 Überprüfung der Lernziele

- Was ist in der Therapieplanung und Zielfindung bei Internet- und Computerspielsucht zu beachten?
- Wie kann ein typischer Therapieantrag bei Internet- und Computerspielsucht aufgebaut sein?
- Welche typischen Therapiebausteine werden zur Behandlung der Internet- und Computerspielsucht im Kindes- und Jugendalter angewendet?

7 Zusammenfassung und Ausblick

Die Internet- und Computerspielsucht ist ein neu in die ICD-11 aufgenommenes Störungsbild, das nosologisch den (Online-)Verhaltenssüchten zugeordnet wurde. Neurobiologisch zeigt die Störung Ähnlichkeiten zu substanzgebundenen Störungen. Die Diagnosekriterien für die Online-Verhaltenssüchte wurden deshalb auch in Anlehnung an die Diagnosekriterien für substanzgebundene Störungen formuliert. Epidemiologisch treten Online-Verhaltenssüchte etwas früher auf als substanzgebundene Störungen. Ähnlich wie bei substanzgebundenen Störungen können mildere Formen (»riskante Nutzung«) klassifiziert werden, die das Risiko einer Suchtentstehung erhöhen oder andere Folgeschäden mit sich bringen können. Im Kindesalter ist es selten, dass die Kriterien einer Sucht erfüllt werden, hier handelt es sich meist um eine riskante Nutzung. Ab dem Jugendalter nimmt die Prävalenz der Internet- und Computerspielsucht zu und steigt bis ins junge Erwachsenenalter an, mit Gipfeln in der mittleren Adoleszenz und im jungen Erwachsenenalter. Von der Computerspielstörung sind überwiegend Jungen betroffen, während das Geschlechterverhältnis bei der Sozialen-Netzwerke-Nutzungsstörung ausgeglichen ist bzw. sich eher umkehrt, sodass Mädchen tendenziell häufiger betroffen sind. Weniger ist über die Streaming-Störung bekannt. Weitere Online-Verhaltenssüchte wie die Online-Shoppingstörung und Online-Pornografiestörung sind bei Minderjährigen kaum untersucht.

Die Internet- und Computerspielsucht geht mit gravierenden psychischen, sozialen, gesundheitlichen, neurobiologischen, monetären und schulischen Folgen einher. Häufig tritt sie gemeinsam mit anderen Störungen auf, insbesondere ADHS, Angststörungen, Depressionen und Autismus-Spektrum-Störungen. Während ADHS das Risiko für eine Internet- und Computerspielsucht begünstigt, kann diese jedoch die ADHS-Symptomatik wiederum verstärken. Dasselbe gilt für den temporären Verlauf von internalisierenden Störungen (Ängste und Depressionen) und Online-Verhaltenssüchten.

Es existiert mittlerweile eine Vielzahl an Diagnostikinstrumenten, von denen jedoch nur ein geringer Teil bei Kindern und Jugendlichen sowie an klinischen Stichproben validiert wurde. Gold-Standard ist ein diagnostisches, klinisches Interview.

Störungsmodelle integrieren die Faktoren der Person, der Umwelt und des Suchtmittels, also der suchterzeugenden Wirkung der Videospiele oder Sozialen Netzwerke. Auf Mikroebene enthalten die Störungsmodelle konditionierte Suchtteufelskreise, in denen die maladaptive Emotionsregulation im Vordergrund steht. Daraus abgeleitet wurden erste Ansätze für psychotherapeutische Interventionen. Die beste empirische Evidenz gibt es bisher für kognitiv-verhaltenstherapeutische

Ansätze. Diese umfassen Psychoedukation und Motivationsaufbau, den Aufbau adaptiver Emotionsregulationsstrategien, den Aufbau belohnender Aktivitäten, eine Verhaltenssubstitution, eine Löschung durch (Teil-)Abstinenz und Stimuluskontrolltechniken. Für die Behandlungshierarchie von komorbiden Störungen gibt es bisher kaum Untersuchungen. Bisher gilt die Empfehlung, komorbide Störungen im Behandlungsplan entsprechend zu berücksichtigen und leitlinienorientiert zu behandeln.

Obwohl es bereits erste vielversprechende Behandlungsansätze gibt, sind noch viele Fragen ungeklärt und es besteht großer Forschungsbedarf in allen Bereichen, von der Grundlagen- bis hin zur Anwendungsforschung.

Literaturverzeichnis

Achab, S., Nicolier, M., Mauny, F., Monnin, J., Trojak, B., Vandel, P. et al. (2011). Massively multiplayer online role-playing games: comparing characteristics of addict vs non-addict online recruited gamers in a French adult population. *BMC psychiatry, 11*(144), 1–12.

Alimoradi, Z., Lin, C.-Y., Broström, A., Bülow, P. H., Bajalan, Z., Griffiths, M. D. et al. (2019). Internet addiction and sleep problems: a systematic review and meta-analysis. *Sleep Medicine Reviews, 47*, 51–61. https://doi.org/10.1016/j.smrv.2019.06.004

Alonzo, R., Hussain, J., Stranges, S. & Anderson, K. K. (2021). Interplay between social media use, sleep quality, and mental health in youth: A systematic review. *Sleep Medicine Reviews, 56*, 101414. https://doi.org/10.1016/j.smrv.2020.101414

American Psychiatric Association. (2013). *Diagnostic and Statistical Manual of Mental Disorders, fifth edition* (5. Aufl.). Washington, D.C.: American Psychiatric Association.

Antons, S. & Brand, M. (2019). Das I-PACE Modell zur Beschreibung der Entstehung und Aufrechterhaltung von internetbezogenen Störungen und anderen Verhaltenssüchten. *Suchttherapie, 20*(04), 185–191. https://doi.org/10.1055/a-1018-4792

Armstrong, T. D. & Costello, E. J. (2002). Community studies on adolescent substance use, abuse, or dependence and psychiatric comorbidity. *Journal of Consulting and Clinical Psychology, 70*(6), 1224–1239. https://doi.org/10.1037//0022-006X.70.6.1224

Austin, W. A. & Totaro, M. W. (2011). Gender differences in the effects of internet usage on high school absenteeism. *The Journal of Socio-Economics, 40*(2), 192–198. https://doi.org/10.1016/j.socec.2010.12.017

Bailey, K., West, R. & Anderson, C. A. (2010). A negative association between video game experience and proactive cognitive control. *Psychophysiology, 47*(1), 34–42. https://doi.org/10.1111/j.1469-8986.2009.00925.x

Bakken, I. J., Wenzel, H. G., Götestam, K. G., Johansson, A. & Oren, A. (2009). Internet addiction among Norwegian adults: a stratified probability sample study. *Scandinavian Journal of Psychology, 50*(2), 121–127. https://doi.org/10.1111/j.1467-9450.2008.00685.x

Bargeron, A. H. & Hormes, J. M. (2017). Psychosocial correlates of internet gaming disorder: psychopathology, life satisfaction, and impulsivity. *Computers in Human Behavior, 68*, 388–394. https://doi.org/10.1016/j.chb.2016.11.029

Bavelier, D. & Green, C. S. (2019). Enhancing attentional control: lessons from action video games. *Neuron, 104*(1), 147–163. https://doi.org/10.1016/j.neuron.2019.09.031

Beck, A. T. (1986). *Cognitive Therapy and the emotional disorders* (4. printing). Madison: Intern. Univ. Press.

Benchebra, L., Alexandre, J.-M., Dubernet, J., Fatséas, M. & Auriacombe, M. (2019). Addiction aux jeux (d'argent et vidéo) et état de santé des joueurs : une revue critique de la littérature. *Presse medicale (Paris, France: 1983)* [Gambling and Gaming disorders and physical health of players: a critical review of the literature], *48*(12), 1551–1568. https://doi.org/10.1016/j.lpm.2019.10.014

Berridge, K. C. & Robinson, T. E. (2016). Liking, wanting, and the incentive-sensitization theory of addiction. *The American Psychologist, 71*(8), 670–679. https://doi.org/10.1037/amp0000059

Beutel, M.E., Hoch, C., Wölfling, K. & Müller, K. W. (2011). Klinische Merkmale der Computerspiel- und Internetsucht am Beispiel der Inanspruchnehmer einer Spielsuchtambulanz. *Zeitschrift für Psychosomatische Medizin und Psychotherapie* [Clinical characteristics of computer game and internet addiction in persons seeking treatment in an outpatient clinic for computer game addiction], 57(1), 77–90. https://doi.org/10.13109/zptm.2011.57.1.77

Beyens, I., Valkenburg, P. M. & Piotrowski, J. T. (2018). Screen media use and ADHD-related behaviors. Four decades of research. *Proceedings of the National Academy of Sciences of the United States of America*, 115(40), 9875–9881. https://doi.org/10.1073/pnas.1611611114

Bischof, G., Bischof, A., Meyer, C., John, U. & Rumpf, H.-J. (2013). *Prävalenz der Internetabhängigkeit – Diagnostik und Risikoprofile (PINTA-DIARI)*. Zugriff am 02.05.2022. Verfügbar unter: https://www.bundesgesundheitsministerium.de/fileadmin/Dateien/5_Publikationen/Drogen_und_Sucht/Berichte/Abschlussbericht/PINTA-DIARI-2013-Kompaktbericht.pdf

Błachnio, A., Przepiórka, A., Gorbaniuk, O., Benvenuti, M., Ciobanu, A. M., Senol-Durak, E. et al. (2019). Cultural correlates of internet addiction. *Cyberpsychology, Behavior, and Social Networking*, 22(4), 258–263. https://doi.org/10.1089/cyber.2018.0667

Blinka, L., Škařupová, K., Ševčíková, A., Wölfling, K., Müller, K. W. & Dreier, M. (2015). Excessive internet use in European adolescents: what determines differences in severity? *International Journal of Public Health*, 60(2), 249–256. https://doi.org/10.1007/s00038-014-0635-x

Blum, K., Cull, J. G., Braverman, E. R. & Comings, D. E. (1996). Reward deficiency syndrome. Addictive, impulsive and compulsive disorders – including alcoholism, attention deficit disorder, drug abuse and food bingeing – may have a common genetic basis. *American Scientist*, 84(2), 132–145.

Bozkurt, H., Coskun, M., Ayaydin, H., Adak, I. & Zoroglu, S. S. (2013). Prevalence and patterns of psychiatric disorders in referred adolescents with Internet addiction. *Psychiatry and Clinical Neurosciences*, 67(5), 352–359. https://doi.org/10.1111/pcn.12065

Bozkurt, H., Özer, S., Şahin, S. & Sönmezgöz, E. (2018). Internet use patterns and Internet addiction in children and adolescents with obesity. *Pediatric Obesity*, 13(5), 301–306. https://doi.org/10.1111/ijpo.12216

Brailovskaia, J., Rohmann, E., Bierhoff, H.-W., Margraf, J. & Köllner, V. (2019). Relationships between addictive Facebook use, depressiveness, insomnia, and positive mental health in an inpatient sample: A German longitudinal study. *Journal of Behavioral Addictions*, 8(4), 703–713. https://doi.org/10.1556/2006.8.2019.63

Brand, M., Rumpf, H.-J., Demetrovics, Z., Müller, A., Stark, R., King, D. L. et al. (2020). Which conditions should be considered as disorders in the International Classification of Diseases (ICD-11) designation of »other specified disorders due to addictive behaviors«? *Journal of Behavioral Addictions*. https://doi.org/10.1556/2006.2020.00035

Brand, M., Wegmann, E., Stark, R., Müller, A., Wölfling, K., Robbins, T. W. et al. (2019). The Interaction of Person-Affect-Cognition-Execution (I-PACE) model for addictive behaviors: update, generalization to addictive behaviors beyond internet-use disorders, and specification of the process character of addictive behaviors. *Neuroscience and Biobehavioral Reviews*, 104, 1–10. https://doi.org/10.1016/j.neubiorev.2019.06.032

Brand, M., Young, K. S., Laier, C., Wölfling, K. & Potenza, M. N. (2016). Integrating psychological and neurobiological considerations regarding the development and maintenance of specific Internet-use disorders: an Interaction of Person-Affect-Cognition-Execution (I-PACE) model. *Neuroscience and Biobehavioral Reviews*, 71, 252–266. https://doi.org/10.1016/j.neubiorev.2016.08.033

Brandhorst, I., Renner, T. & Barth, G. M. (2021). Elternfaktoren bei Internet- und Computerspielsucht im Jugendalter: Eine Übersicht. *Zeitschrift für Kinder- und Jugendpsychiatrie und Psychotherapie* [Parental factors in internet and computer game addiction in adolescence: An overview], 50(1), 37–50. https://doi.org/10.1024/1422-4917/a000817

Brunborg, G. S., Mentzoni, R. A. & Frøyland, L. R. (2014). Is video gaming, or video game addiction, associated with depression, academic achievement, heavy episodic drinking, or conduct problems? *Journal of Behavioral Addictions*, 3(1), 27–32. https://doi.org/10.1556/JBA.3.2014.002

Busch, P. A. & McCarthy, S. (2021). Antecedents and consequences of problematic smartphone use: a systematic literature review of an emerging research area. *Computers in Human Behavior*, 114, 106414. https://doi.org/10.1016/j.chb.2020.106414

Canan, F., Yildirim, O., Ustunel, T. Y., Sinani, G., Kaleli, A. H., Gunes, C. et al. (2014). The relationship between internet addiction and body mass index in Turkish adolescents. *Cyberpsychology, Behavior, and Social Networking, 17*(1), 40–45. https://doi.org/10.1089/cyber.2012.0733

Carli, V., Durkee, T., Wasserman, D., Hadlaczky, G., Despalins, R., Kramarz, E. et al. (2013). The association between pathological internet use and comorbid psychopathology: a systematic review. *Psychopathology, 46*(1), 1–13. https://doi.org/10.1159/000337971

Chan, P. A. & Rabinowitz, T. (2006). A cross-sectional analysis of video games and attention deficit hyperactivity disorder symptoms in adolescents. *Annals of General Psychiatry, 5*, 16. https://doi.org/10.1186/1744-859X-5-16

Chen, Y.-L. & Gau, S. S.-F. (2016). Sleep problems and internet addiction among children and adolescents: a longitudinal study. *Journal of Sleep Research, 25*(4), 458–465. https://doi.org/10.1111/jsr.12388

Cheng, C. & Li, A. Y. (2014). Internet addiction prevalence and quality of (real) life. A meta-analysis of 31 nations across seven world regions. *Cyberpsychology, Behavior and Social Networking, 17*(12), 755–760. https://doi.org/10.1089/cyber.2014.0317

Clark, D. M. & Wells, A. (1995). A cognitive model of social phobia. In R. G. Heimberg, M. R. Liebowitz, D. A. Hope & F. R. Schneider (Hrsg.), *Social phobia: diagnosis, assessment, and treatment* (S. 69–93). The Guilford Press.

Coutelle, R., Weiner, L., Paasche, C., Pottelette, J., Bertschy, G., Schröder, C. M. et al. (2021). Autism Spectrum Disorder and video games: restricted interests or addiction? *International Journal of Mental Health and Addiction.* https://doi.org/10.1007/s11469-021-00511-4

Cuong, V. M., Assanangkornchai, S., Wichaidit, W., Minh Hanh, V. T. & My Hanh, H. T. (2021). Associations between gaming disorder, parent-child relationship, parental supervision, and discipline styles: findings from a school-based survey during the COVID-19 pandemic in Vietnam. *Journal of Behavioral Addictions, 10*(3), 722–730. https://doi.org/10.1556/2006.2021.00064

Dahl, D. & Bergmark, K. H. (2020). Persistence in problematic internet use – a systematic review and meta-analysis. *Frontiers in Sociology, 5.* https://doi.org/10.3389/fsoc.2020.00030

DAK-Gesundheit (Hrsg.). (2020). *Game- und Social-Media-Konsum im Kindes- und Jugendalter – Wiederholungsbefragung vor dem Hintergrund der Corona-Krise (Längsschnittuntersuchung). Ergebnisse einer Eltern-Kind-Befragung mit forsa.omninet.* Zugriff am 19.08.2020. Verfügbar unter: https://www.dak.de/dak/bundesthemen/computerspielsucht-2296282.html#/

Davis, R. A. (2001). A cognitive-behavioral model of pathological Internet use. *Computers in Human Behavior, 17*(2), 187–195. https://doi.org/10.1016/S0747-5632(00)00041-8

Dong, G., Wang, L., Du, X. & Potenza, M. N. (2017). Gaming increases craving to gaming-related stimuli in individuals with internet gaming disorder. *Biological Psychiatry. Cognitive Neuroscience and Neuroimaging, 2*(5), 404–412. https://doi.org/10.1016/j.bpsc.2017.01.002

Döpfner, M. (2020). Makro-Verhaltensanalyse. In M. Döpfner, M. Hautzinger & M. Linden (Hrsg.), *Verhaltenstherapiemanual. Kinder und Jugendliche* (S. 115–118). Berlin: Springer.

Döpfner, M., Plück, J. & Kinnen, C. (2014). *CBCL/6–18R, TRF/6–18R, YSR/11–18R. Deutsche Schulalter-Formen der Child Behavior Checklist von Thomas M. Achenbach. Elternfragebogen über das Verhalten von Kindern und Jugendlichen (CBCL/6–18R), Lehrerfragebogen über das Verhalten von Kindern und Jugendlichen (TRF/6–18R), Fragebogen für Jugendliche (YSR/11–18R).* Göttingen: Hogrefe.

Eichenberg, C., Dyba, J. & Schott, M. (2017). Bindungsstile, Nutzungsmotive und Internetsucht. *Psychiatrische Praxis* [Attachment style, motives for use and Internet Addiction], *44*(1), 41–46. https://doi.org/10.1055/s-0041-110025

Everitt, B. J., Dickinson, A. & Robbins, T. W. (2001). The neuropsychological basis of addictive behaviour. *Brain Research Reviews, 36*(2–3), 129–138. https://doi.org/10.1016/S0165-0173(01)00088-1

Evers-Wölk, M. & Opielka, M. (2019). *Neue elektronische Medien und Suchtverhalten. Forschungsbefunde und politische Handlungsoptionen zur Mediensucht bei Kindern, Jugendlichen und Erwachsenen* (2. Aufl.). Baden-Baden: Nomos Verlagsgesellschaft.

Fairchild, G., van Goozen, S. H. M., Stollery, S. J., Aitken, M. R. F., Savage, J., Moore, S. C. et al. (2009). Decision making and executive function in male adolescents with early-onset or adolescence-onset conduct disorder and control subjects. *Biological Psychiatry, 66*(2), 162–168. https://doi.org/10.1016/j.biopsych.2009.02.024

Fam, J. Y. (2018). Prevalence of internet gaming disorder in adolescents. A meta-analysis across three decades. *Scandinavian Journal of Psychology, 59*(5), 524–531. https://doi.org/10.1111/sjop.12459

Feierabend, S., Rathgeb, T., Kheredmand, H. & Glöckler, S. (2020a). *JIM-Studie 2020 Jugend, Information, Medien. Basisuntersuchung zum Medienumgang 12- bis 19-Jähriger*. Stuttgart: Medienpädagogischer Forschungsverbund Südwest.

Feierabend, S., Rathgeb, T., Kheredmand, H. & Glöckler, S. (2020b). *KIM-Studie 2020. Kindheit, Internet, Medien. Basisuntersuchung zum Medienumfang 6- bis 13-Jähriger*. Stuttgart: Medienpädagogischer Forschungsverbund Südwest.

Feierabend, S., Rathgeb, T., Kheredmand, H. & Glöckler, S. (Hrsg.). (2021). *JIM-Studie 2021. Jugend, Information, (Multi-)Media – Basisstudie zum Medienumgang 12- bis 19-Jähriger in Deutschland*. Stuttgart: Medienpädagogischer Forschungsverbund Südwest.

Festl, R., Scharkow, M. & Quandt, T. (2013). Problematic computer game use among adolescents, younger and older adults. *Addiction (Abingdon, England), 108*(3), 592–599. https://doi.org/10.1111/add.12016

Forsa. (2021). *Nutzung digitaler Medien im Kindes- und Jugendalter – Wiederholungsbefragung (Längsschnittuntersuchung). Ergebnisse einer Eltern-Kind- Befragung mit forsa.omninet*. Berlin.

Franke, B., Michelini, G., Asherson, P., Banaschewski, T. [Tobias], Bilbow, A., Buitelaar, J. K. et al. (2018). Live fast, die young? A review on the developmental trajectories of ADHD across the lifespan. *European Neuropsychopharmacology : the Journal of the European College of Neuropsychopharmacology, 28*(10), 1059–1088. https://doi.org/10.1016/j.euroneuro.2018.08.001

Gámez-Guadix, M. (2014). Depressive symptoms and problematic internet use among adolescents: analysis of the longitudinal relationships from the cognitive-behavioral model. *Cyberpsychology, Behavior, and Social Networking, 17*(11), 714–719. https://doi.org/10.1089/cyber.2014.0226

Gámez-Guadix, M., Calvete, E., Orue, I. & Las Hayas, C. (2015). Problematic internet use and problematic alcohol use from the cognitive-behavioral model: a longitudinal study among adolescents. *Addictive Behaviors, 40*, 109–114. https://doi.org/10.1016/j.addbeh.2014.09.009

Gentile, A., Servidio, R., Caci, B. & Boca, S. (2021). Social stigma and self-esteem as mediators of the relationship between Body Mass Index and Internet addiction disorder. An exploratory study. *Current Psychology, 40*(3), 1262–1270. https://doi.org/10.1007/s12144-018-0054-x

Gentile, D. A., Choo, H., Liau, A., Sim, T., Li, D., Fung, D. et al. (2011). Pathological video game use among youths: a two-year longitudinal study. *PEDIATRICS, 127*(2), e319–29. https://doi.org/10.1542/peds.2010-1353

Gentile, D. A., Swing, E. L., Lim, C. G. & Khoo, A. (2012). Video game playing, attention problems, and impulsiveness. Evidence of bidirectional causality. *Psychology of Popular Media Culture, 1*(1), 62–70. https://doi.org/10.1037/a0026969

Givon-Benjio, N., Oren-Yagoda, R., Aderka, I. M. & Okon-Singer, H. (2020). Biased distance estimation in social anxiety disorder: A new avenue for understanding avoidance behavior. *Depression and Anxiety, 37*(12), 1243–1252. https://doi.org/10.1002/da.23086

González-Bueso, V., Santamaría, J. J., Fernández, D., Merino, L., Montero, E., Jiménez-Murcia, S. et al. (2018). Internet gaming disorder in adolescents: personality, psychopathology and evaluation of a psychological intervention combined with parent psychoeducation. *Frontiers in Psychology, 9*, 787. https://doi.org/10.3389/fpsyg.2018.00787

Grant, J. E., Potenza, M. N., Weinstein, A. & Gorelick, D. A. (2010). Introduction to behavioral addictions. *Am J Drug Alcohol Abuse, 5*(36), 233–241. https://doi.org/10.3109/00952990.2010.491884

Greschner, M., Müller, J. M., Lindenberg, K., Reck, C., Romer, G. & Strittmatter, E. (2017). Bindungsstile bei Probanden mit pathologischem Internetgebrauch. *SUCHT, 63*(1), 43–52. https://doi.org/10.1024/0939-5911/a000467

Grüsser, S. M. & Thalemann, C. N. (2006). *Verhaltenssucht. Diagnostik, Therapie, Forschung*. Bern: Verlag Hans Huber, Hogrefe AG.

Gunes, H., Tanidir, C., Adaletli, H., Kilicoglu, A. G., Mutlu, C., Bahali, M. K. et al. (2018). Oppositional defiant disorder/conduct disorder co-occurrence increases the risk of Internet addiction in adolescents with attention-deficit hyperactivity disorder. *Journal of Behavioral Addictions*, 7(2), 284–291. https://doi.org/10.1556/2006.7.2018.46

Han, D. H., Hwang, J. W. & Renshaw, P. F. (2011). Bupropion sustained release treatment decreases craving for video games and cue-induced brain activity in patients with internet video game addiction. *Psychology of Popular Media Culture*, 1(S), 108–117. https://doi.org/10.1037/2160-4134.1.S.108

Han, D. H., Kim, S. M., Lee, Y. S. & Renshaw, P. F. (2012). The effect of family therapy on the changes in the severity of on-line game play and brain activity in adolescents with on-line game addiction. *Psychiatry Research*, 202(2), 126–131. https://doi.org/10.1016/j.pscychresns.2012.02.011

Han, D. H., Lee, Y. S., Na, C. [Churl], Ahn, J. Y., Chung, U. S., Daniels, M. A. et al. (2009). The effect of methylphenidate on Internet video game play in children with attention-deficit/hyperactivity disorder. *Comprehensive Psychiatry*, 50(3), 251–256. https://doi.org/10.1016/j.comppsych.2008.08.011

Han, D. H. & Renshaw, P. F. (2012). Bupropion in the treatment of problematic online game play in patients with major depressive disorder. *Journal of Psychopharmacology (Oxford, England)*, 26(5), 689–696. https://doi.org/10.1177/0269881111400647

Han, X., Wang, Y., Jiang, W., Bao, X., Sun, Y., Ding, W. et al. (2018). Resting-state activity of prefrontal-striatal circuits in internet gaming disorder: changes with cognitive behavior therapy and predictors of treatment response. *Frontiers in Psychiatry*, 9, 341. https://doi.org/10.3389/fpsyt.2018.00341

Higuchi, S. [Shigekazu], Motohashi, Y., Liu, Y. & Maeda, A. (2005). Effects of playing a computer game using a bright display on presleep physiological variables, sleep latency, slow wave sleep and REM sleep. *Journal of Sleep Research*, 14(3), 267–273. https://doi.org/10.1111/j.1365-2869.2005.00463.x

Hong, J. S. [Ji Sun], Kim, S. M., Kang, K. D., Han, D. H., Kim, J. S., Hwang, H. et al. (2020). Effect of physical exercise intervention on mood and frontal alpha asymmetry in internet gaming disorder. *Mental Health and Physical Activity*, 18, 100318. https://doi.org/10.1016/j.mhpa.2020.100318

Jeong, H., Yim, H. W., Lee, S.-Y., Lee, H. K., Potenza, M. N., Jo, S.-J. et al. (2019). Reciprocal relationship between depression and Internet gaming disorder in children: a 12-month follow-up of the iCURE study using cross-lagged path analysis. *Journal of Behavioral Addictions*, 8(4), 725–732. https://doi.org/10.1556/2006.8.2019.74

Kanfer, F. H. & Saslow, G. (1976). Verhaltenstheoretische Diagnostik. In D. Schulte (Hrsg.), *Diagnostik in der Verhaltenstherapie* (2. Aufl., S. 24–59). München: Urban & Schwarzenberg.

Kewitz, S., Vonderlin, E., Wartberg, L. & Lindenberg, K. (2021). Estimated prevalence of unreported IGD cases in routine outpatient children and adolescent psychotherapy. *International Journal of Environmental Research and Public Health*, 18(13). https://doi.org/10.3390/ijerph18136787

Khang, H., Kim, J. K. & Kim, Y. (2013). Self-traits and motivations as antecedents of digital media flow and addiction: the internet, mobile phones, and video games. *Computers in Human Behavior*, 29(6), 2416–2424. https://doi.org/10.1016/j.chb.2013.05.027

Kim, S. M., Han, D. H., Lee, Y. S. & Renshaw, P. F. (2012). Combined cognitive behavioral therapy and bupropion for the treatment of problematic on-line game play in adolescents with major depressive disorder. *Computers in Human Behavior*, 28(5), 1954–1959. https://doi.org/10.1016/j.chb.2012.05.015

Kindt, S., Szász-Janocha, C., Rehbein, F. & Lindenberg, K. (2019). School-related risk factors of internet use disorders. *International Journal of Environmental Research and Public Health*, 16(24). https://doi.org/10.3390/ijerph16244938

King, D. L., Chamberlain, S. R., Carragher, N., Billieux, J., Stein, D., Müller, K. W. et al. (2020). Screening and assessment tools for gaming disorder: a comprehensive systematic review. *Clinical Psychology Review*, 77, 101–831. https://doi.org/10.1016/j.cpr.2020.101831

King, D. L., Haagsma, M. C., Delfabbro, P. H., Gradisar, M. & Griffiths, M. D. (2013). Toward a consensus definition of pathological video-gaming: a systematic review of psychometric assessment tools. *Clinical Psychology Review*, 33(3), 331–342. https://doi.org/10.1016/j.cpr.2013.01.002

Ko, C.-H., Yen, J.-Y., Chen, C.-S., Yeh, Y.-C. & Yen, C.-F. (2009). Predictive values of psychiatric symptoms for internet addiction in adolescents: a 2-year prospective study. *Archives of Pediatrics & Adolescent Medicine, 163*(10), 937–943. https://doi.org/10.1001/archpediatrics.2009.159

Kökönyei, G., Kocsel, N., Király, O., Griffiths, M. D., Galambos, A., Magi, A. et al. (2019). The role of cognitive emotion regulation strategies in problem gaming among adolescents: a nationally representative survey study. *Frontiers in Psychiatry, 10,* 273. https://doi.org/10.3389/fpsyt.2019.00273

Koo, H. J. & Kwon, J.-H. (2014). Risk and protective factors of internet addiction: a meta-analysis of empirical studies in Korea. *Yonsei Medical Journal, 55*(6), 1691–1711. https://doi.org/10.3349/ymj.2014.55.6.1691

Kriminologisches Forschungsinstitut Niedersachsen e.V. (unpublished manuscript). *Deutschlandweite Repräsentativbefragung Computerspielabhängigkeit.*

Kühn, S., Romanowski, A., Schilling, C., Lorenz, R., Mörsen, C., Seiferth, N. et al. (2011). The neural basis of video gaming. *Translational Psychiatry, 1,* e53. https://doi.org/10.1038/tp.2011.53

Kuss, D. J. & Griffiths, M. D. (2012). Internet and gaming addiction: a systematic literature review of neuroimaging studies. *Brain Sciences, 2*(3), 347–374. https://doi.org/10.3390/brainsci2030347

Kwon, J.-H., Chung, C.-S. & Lee, J. [Jung]. (2011). The effects of escape from self and interpersonal relationship on the pathological use of Internet games. *Community Mental Health Journal, 47*(1), 113–121. https://doi.org/10.1007/s10597-009-9236-1

Laconi, S., Rodgers, R. F. & Chabrol, H. (2014). The measurement of Internet addiction: a critical review of existing scales and their psychometric properties. *Computers in Human Behavior, 41,* 190–202. https://doi.org/10.1016/j.chb.2014.09.026

Lau, J. T. F., Wu, A. M. S., Gross, D. L., Cheng, K.-M. & Lau, M. M. C. (2017). Is Internet addiction transitory or persistent? Incidence and prospective predictors of remission of Internet addiction among Chinese secondary school students. *Addictive Behaviors, 74,* 55–62. https://doi.org/10.1016/j.addbeh.2017.05.034

Lee, D., Namkoong, K., Lee, J. [Junghan] & Jung, Y.-C. (2021). Dorsal striatal functional connectivity changes in Internet gaming disorder: a longitudinal magnetic resonance imaging study. *Addiction Biology, 26*(1), e12868. https://doi.org/10.1111/adb.12868

Lee, J. [Jung], Bae, S., Kim, B. N. & Han, D. H. (2021). Impact of attention-deficit/hyperactivity disorder comorbidity on longitudinal course in Internet gaming disorder: a 3-year clinical cohort study. *Journal of Child Psychology and Psychiatry, and Allied Disciplines, 62*(9), 1110–1119. https://doi.org/10.1111/jcpp.13380

Lee, Y. S., Han, D. H., Yang, K. C., Daniels, M. A., Na, C. [Chul], Kee, B. S. et al. (2008). Depression like characteristics of 5HTTLPR polymorphism and temperament in excessive internet users. *Journal of Affective Disorders, 109*(1–2), 165–169. https://doi.org/10.1016/j.jad.2007.10.020

Lemmens, J. S., Valkenburg, P. M. & Gentile, D. A. (2015). The internet gaming disorder scale. *Psychological assessment, 27*(2), 567–582. https://doi.org/10.1037/pas0000062

Lemmens, J. S., Valkenburg, P. M. & Peter, J. (2009). Development and validation of a Game Addiction Scale for Adolescents. *Media Psychology, 12*(1), 77–95. https://doi.org/10.1080/15213260802669458

Lemmens, J. S., Valkenburg, P. M. & Peter, J. (2011). Psychosocial causes and consequences of pathological gaming. *Computers in Human Behavior, 27*(1), 144–152. https://doi.org/10.1016/j.chb.2010.07.015

Leo, K., Kewitz, S., Wartberg, L. & Lindenberg, K. (2021). Depression and social anxiety predict Internet Use Disorder symptoms in children and adolescents at 12-month follow-up: results from a longitudinal study. *Frontiers in Psychology, 12,* 787162. https://doi.org/10.3389/fpsyg.2021.787162

Lewinsohn, P. M. (1974). A behavioral approach to depression. In Friedman, R.J., & Katz, M.M. (Hrsg.), *In The Psychology of Depression: Contemporary Theory* (S. 157–174). New York, NY, USA: John Wiley & Sons.

Li, H. & Wang, S. (2013). The role of cognitive distortion in online game addiction among Chinese adolescents. *Children and Youth Services Review, 35*(9), 1468–1475. https://doi.org/10.1016/j.childyouth.2013.05.021

Lindenberg, K. (2020). *Interviewleitfaden Computerspiel- und Internetabhängigkeit PROTECT. Jugendlichenversion und Elternversion.* Frankfurt: Goethe-Universität, Leitfaden auf Anfrage erhältlich.

Lindenberg, K. & Basten, U. (2021). Entwicklung der Intelligenz im Zusammenhang mit der Nutzung digitaler Medien. *Heidelberger Jahrbücher Online, Bd. 6 (2021): Intelligenz – Theoretische Grundlagen und praktische Anwendungen,* 219–254. https://doi.org/10.17885/heiup.hdjbo.2021.1.24387

Lindenberg, K., Halasy, K., Szász-Janocha, C. & Wartberg, L. (2018). A phenotype classification of Internet Use Disorder in a large-scale high-school study. *International Journal of Environmental Research and Public Health, 15*(4). https://doi.org/10.3390/ijerph15040733

Lindenberg, K. & Holtmann, M. (2021). Einzug der Computerspielstörung als Verhaltenssucht in die ICD-11. *Zeitschrift für Kinder- und Jugendpsychiatrie und Psychotherapie* [Inclusion of gaming disorder as a behavioral addiction in ICD-11], *50*(1), 1–7. https://doi.org/10.1024/1422-4917/a000837

Lindenberg, K., Kindt, S. & Szász-Janocha, C. (2020). *Internet addiction in adolescents. The PROTECT Program for Evidence-Based Prevention and Treatment.* Cham: Springer.

Lindenberg, K., Kindt, S. & Szász-Janocha, C. (2022). Effectivness of cognitive behavioral therapy-based intervention in preventing gaming disorder and unspecified internet use disorder in adolescents: a cluster randomized clinical trial. *JAMA Network Open, 5*(2), e2148995. https://doi.org/10.1001/jamanetworkopen.2021.48995

Lindenberg, K., Szász-Janocha, C., Schoenmaekers, S., Wehrmann, U. & Vonderlin, E. (2017). An analysis of integrated health care for Internet Use Disorders in adolescents and adults. *Journal of Behavioral Addictions, 6*(4), 579–592. https://doi.org/10.1556/2006.6.2017.065

Lindenberg, K. & Wartberg, L. (2022). Does time spent online affect future psychopathology in adolescents? *Kindheit & Entwicklung,* 31(4), 211–219

Lindenberg, K., Wartberg, L. & Noack, M. (in prep). Treatment of gaming disorder in children and adolescents: a systematic review.

Littel, M., van den Berg, I., Luijten, M., van Rooij, A. J., Keemink, L. & Franken, I. H. A. (2012). Error processing and response inhibition in excessive computer game players: an event-related potential study. *Addiction Biology, 17*(5), 934–947. https://doi.org/10.1111/j.1369-1600.2012.00467.x

Liu, L., Xue, G., Potenza, M. N., Zhang, J.-T., Yao, Y.-W., Xia, C.-C. et al. (2017). Dissociable neural processes during risky decision-making in individuals with Internet-gaming disorder. *NeuroImage. Clinical, 14,* 741–749. https://doi.org/10.1016/j.nicl.2017.03.010

Liu, L., Yao, Y.-W., Li, C.-S. R., Zhang, J.-T., Xia, C.-C., Lan, J. et al. (2018). The comorbidity between Internet gaming disorder and depression: Interrelationship and neural mechanisms. *Frontiers in Psychiatry, 9,* 154. https://doi.org/10.3389/fpsyt.2018.00154

Liu, Q.-X., Fang, X.-Y., Yan, N., Zhou, Z.-K., Yuan, X.-J., Lan, J. et al. (2015). Multi-family group therapy for adolescent Internet addiction: exploring the underlying mechanisms. *Addictive Behaviors, 42,* 1–8. https://doi.org/10.1016/j.addbeh.2014.10.021

Lukavská, K., Vacek, J. & Gabrhelík, R. (2020). The effects of parental control and warmth on problematic internet use in adolescents: a prospective cohort study. *Journal of Behavioral Addictions, 9*(3), 664–675. https://doi.org/10.1556/2006.2020.00068

Luman, M., Oosterlaan, J. & Sergeant, J. A. (2005). The impact of reinforcement contingencies on AD/HD: a review and theoretical appraisal. *Clinical Psychology Review, 25*(2), 183–213. https://doi.org/10.1016/j.cpr.2004.11.001

Malkovsky, E., Merrifield, C., Goldberg, Y. & Danckert, J. (2012). Exploring the relationship between boredom and sustained attention. *Experimental Brain Research, 221*(1), 59–67. https://doi.org/10.1007/s00221-012-3147-z

Martín-Fernández, M., Matalí, J. L., García-Sánchez, S., Pardo, M., Lleras, M. & Castellano-Tejedor, C. (2017). Adolescents with internet gaming disorder (IGD): profiles and treatment response. *adicciones, 29*(2), 125–133.

Masi, G., Berloffa, S., Muratori, P., Paciello, M., Rossi, M. & Milone, A. (2020). Internet addiction disorder in referred adolescents: a clinical study on comorbidity. *Addiction Research & Theory*, 1–7. https://doi.org/10.1080/16066359.2020.1772242

McClelland, M. M. & Cameron, C. E. (2011). Self-regulation and academic achievement in elementary school children. *New Directions for Child and Adolescent Development*, *2011*(133), 29–44. https://doi.org/10.1002/cd.302

Meng, Y., Deng, W., Wang, H., Guo, W. & Li, T. (2015). The prefrontal dysfunction in individuals with Internet gaming disorder: a meta-analysis of functional magnetic resonance imaging studies. *Addiction Biology*, *20*(4), 799–808. https://doi.org/10.1111/adb.12154

Mihara, S. & Higuchi, S. [Susumu]. (2017). Cross-sectional and longitudinal epidemiological studies of Internet gaming disorder. A systematic review of the literature. *Psychiatry and Clinical Neurosciences*, *71*(7), 425–444. https://doi.org/10.1111/pcn.12532

Molde, H., Holmøy, B., Merkesdal, A. G., Torsheim, T., Mentzoni, R. A., Hanns, D. et al. (2019). Are video games a gateway to gambling? A longitudinal study based on a representative Norwegian sample. *Journal of Gambling Studies*, *35*(2), 545–557. https://doi.org/10.1007/s10899-018-9781-z

Moll, B., Thomasius, R., Thomsen, M. & Wartberg, L. (2014). Pilotstudie zur Effektivität eines kognitiv-verhaltenstherapeutischen Gruppenprogramms mit psychoedukativen Anteilen für Jugendliche mit pathologischem Internetgebrauch. *Praxis der Kinderpsychologie und Kinderpsychiatrie*, *63*(1), 21–35. https://doi.org/10.13109/prkk.2014.63.1.21

Morioka, H., Itani, O., Osaki, Y., Higuchi, S. [Susumu], Jike, M., Kaneita, Y. et al. (2017). The association between alcohol use and problematic internet use: a large-scale nationwide cross-sectional study of adolescents in Japan. *Journal of Epidemiology*, *27*(3), 107–111. https://doi.org/10.1016/j.je.2016.10.004

Müller, K. W. (Hrsg.). (2017). *Internetsucht. Wie man sie erkennt und was man dagegen tun kann.* Wiesbaden: Springer.

Müller, K. W., Ammerschläger, M., Freisleder, F. J., Beutel, M. E. & Wölfling, K. (2012). Suchtartige Internetnutzung als komorbide Störung im jugendpsychiatrischen Setting. *Zeitschrift für Kinder- und Jugendpsychiatrie und Psychotherapie* [Addictive internet use as a comorbid disorder among clients of an adolescent psychiatry – prevalence and psychopathological symptoms], *40*(5), 331–7; quiz 338–9. https://doi.org/10.1024/1422-4917/a000190

Müller, K. W., Janikian, M., Dreier, M., Wölfling, K., Beutel, M. E., Tzavara, C. et al. (2015). Regular gaming behavior and internet gaming disorder in European adolescents: results from a cross-national representative survey of prevalence, predictors, and psychopathological correlates. *Eur Child Adolesc Psychiatry*, *24*, 565–574. https://doi.org/10.1007/s00787-014-0611-2

Müller, K. W. & Wölfling, K. (2017a). *AICA-SKI:IBS. Strukturiertes klinisches Interview zu Internetbezogenen Störungen* (1 Aufl.), Ambulanz für Spielsucht an der Klinik und Poliklinik für Psychosomatische Medizin und. Zugriff am 13.12.2021. Verfügbar unter: https://www.fv-medienabhaengigkeit.de/fileadmin/images/Dateien/AICA-SKI_IBS/Klinisches_Interview_AICA-SKI_IBS.pdf

Müller, K. W. & Wölfling, K. (2017b). *Pathologischer Mediengebrauch und Internetsucht* (Sucht: Risiken – Formen – Interventionen). Suttgart: Kohlhammer.

Murray, A., Koronczai, B., Király, O., Griffiths, M. D., Mannion, A., Leader, G. et al. (2021). Autism, problematic Internet use and gaming disorder: a systematic review. *Review Journal of Autism and Developmental Disorders*. https://doi.org/10.1007/s40489-021-00243-0

Nam, B., Bae, S., Kim, S. M., Hong, J. S. [Ji Seon] & Han, D. H. (2017). Comparing the effects of bupropion and escitalopram on excessive internet game play in patients with major depressive disorder. *Clinical Psychopharmacology and Neuroscience*, *15*(4), 361–368. https://doi.org/10.9758/cpn.2017.15.4.361

Nielsen, P., Christensen, M., Henderson, C., Liddle, H. A., Croquette-Krokar, M., Favez, N. et al. (2021). Multidimensional family therapy reduces problematic gaming in adolescents: a randomised controlled trial. *Journal of Behavioral Addictions*, *10*(2), 234–243. https://doi.org/10.1556/2006.2021.00022

Nielsen, P., Favez, N., Liddle, H. & Rigter, H. (2019). Linking parental mediation practices to adolescents' problematic online screen use: a systematic literature review. *Journal of Behavioral Addictions, 8*(4), 649–663. https://doi.org/10.1556/2006.8.2019.61

Normand, C. L., Fisher, M. H., Simonato, I., Fecteau, S.-M. & Poulin, M.-H. (2021). A systematic review of problematic Internet use in children, adolescents, and adults with autism spectrum disorder. *Review Journal of Autism and Developmental Disorders.* https://doi.org/10.1007/s40489-021-00270-x

Pan, Y.-C., Chiu, Y.-C. & Lin, Y.-H. (2020). Systematic review and meta-analysis of epidemiology of internet addiction. *Neuroscience & Biobehavioral Reviews, 118*, 612–622. https://doi.org/10.1016/j.neubiorev.2020.08.013

Park, J. H., Lee, Y. S., Sohn, J. H. & Han, D. H. (2016). Effectiveness of atomoxetine and methylphenidate for problematic online gaming in adolescents with attention deficit hyperactivity disorder. *Human Psychopharmacology, 31*(6), 427–432. https://doi.org/10.1002/hup.2559

Paschke, K., Holtmann, M., Melchers, P., Klein, M., Schimansky, G., Krömer, T. et al. (2020). Medienbezogene Störungen im Kindes- und Jugendalter: Evidenzpapier der Gemeinsamen Suchtkommission der kinder- und jugendpsychiatrischen und psychotherapeutischen Fachgesellschaft und Verbände (DGKJP, BAG, BKJPP). *Zeitschrift für Kinder- und Jugendpsychiatrie und Psychotherapie* [Media-associated disorders in childhood and adolescence: evidence paper of the joint addiction commision of the German societies and professional associations of child and adolescent psychiatry and psychotherapy], *48*(4), 303–317. https://doi.org/10.1024/1422-4917/a000735

Paulus, F. W., Ohmann, S., von Gontard, A. & Popow, C. (2018). Internet gaming disorder in children and adolescents. A systematic review. *Developmental Medicine and Child Neurology, 60*(7), 645–659. https://doi.org/10.1111/dmcn.13754

Paulus, F. W., Sander, C. S., Nitze, M., Kramatschek-Pfahler, A.-R., Voran, A. & von Gontard, A. (2020). Gaming Disorder and computer-mediated communication in children and adolescents with Autism Spectrum Disorder. *Zeitschrift für Kinder- und Jugendpsychiatrie und Psychotherapie, 48*(2), 113–122. https://doi.org/10.1024/1422-4917/a000674

Paulus, F. W., Sinzig, J., Mayer, H., Weber, M. & von Gontard, A. (2018). Computer Gaming Disorder and ADHD in young children—a population-based study. *International Journal of Mental Health and Addiction, 16*(5), 1193–1207. https://doi.org/10.1007/s11469-017-9841-0

Rehbein, F., Baier, D., Kleinmann, M. & Mößle, T. (2015). *CSAS. Computerspielabhängigkeitsskala. Ein Verfahren zur Erfassung der Internet Gaming Disorder nach DSM-5. Manual* [CSAS. Video Game Dependeny Scale. A method for assessment of Internet Gaming Disorder accoring to DSM-5]. Göttingen: Hogrefe.

Rehbein, F., Kliem, S., Baier, D., Mößle, T. & Petry, N. M. (2015). Prevalence of Internet gaming disorder in German adolescents: diagnostic contribution of the nine DSM-5 criteria in a state-wide representative sample. *Addiction (Abingdon, England), 110*(5), 842–851. https://doi.org/10.1111/add.12849

Rehbein, F., Mößle, T., Arnaud, N. & Rumpf, H.-J. (2013). Computerspiel- und Internetsucht. Der aktuelle Forschungsstand. *Der Nervenarzt* [Video game and internet addiction. The current state of research], *84*(5), 569–575. https://doi.org/10.1007/s00115-012-3721-4

Reilly, E. E., Whitton, A. E., Pizzagalli, D. A., Rutherford, A. V., Stein, M. B., Paulus, M. P. et al. (2020). Diagnostic and dimensional evaluation of implicit reward learning in social anxiety disorder and major depression. *Depression and Anxiety, 37*(12), 1221–1230. https://doi.org/10.1002/da.23081

Reiner, I., Tibubos, A. N., Hardt, J., Müller, K., Wölfling, K. & Beutel, M. E. (2017). Peer attachment, specific patterns of internet use and problematic internet use in male and female adolescents. *Eur Child Adolesc Psychiatry, 26*(10), 1257–1268. https://doi.org/10.1007/s00787-017-0984-0

Rohde, P., Stice, E., Shaw, H. & Gau, J. M. (2016). Pilot trial of a dissonance-based cognitive-behavioral group depression prevention with college students. *Behaviour Research and Therapy, 82*, 21–27. https://doi.org/10.1016/j.brat.2016.05.001

Rumpf, H.-J., Arnaud, N., Batra, A., Bischof, A., Bischof, G., Brand, M. et al. (2016). Memorandum Internetbezogene Störungen der Deutschen Gesellschaft für Suchtforschung und

Suchttherapie (DG-Sucht). *SUCHT*, 62, 167–172. https://doi.org/10.1024/0939-5911/a000425

Rumpf, H.-J., Batra, A., Bischof, A., Hoch, E., Lindenberg, K., Mann, K. [Karl] et al. (2021). Vereinheitlichung der Bezeichnungen für Verhaltenssüchte. *SUCHT*, 67(4), 181–185. https://doi.org/10.1024/0939-5911/a000720

Rumpf, H.-J., Meyer, C., Kreuzer, A. & John, U. (2011). *Prävalenz der Internetabhängigkeit (PINTA). Bericht an das Bundesministerium für Gesundheit.* Greifswald, Lübeck.

Rumpf, H.-J., Vermulst, A. A., Bischof, A., Kastirke, N., Gürtler, D., Bischof, G. et al. (2014). Occurence of Internet Addiction in a general population sample: a latent class analysis. *European addiction research*, 20(4), 159–166. https://doi.org/10.1159/000354321

Sakuma, H., Mihara, S., Nakayama, H., Miura, K., Kitayuguchi, T., Maezono, M. et al. (2017). Treatment with the self-discovery camp (SDiC) improves internet gaming disorder. *Addictive Behaviors*, 64, 357–362. https://doi.org/10.1016/j.addbeh.2016.06.013

Schlarb, A. A. & Stavemann, H. H. (2011). *Einführung in die KVT mit Kindern und Jugendlichen. Grundlagen und Methodik* (1. Aufl.). Weinheim: Beltz.

Schneider, S., Pflug, V., In-Albon, T. & Margraf, J. (2017). *Kinder-DIPS Open Access: Diagnostisches Interview bei psychischen Störungen im Kindes- und Jugendalter.* https://doi.org/10.13154/rub.101.90

Sert Ağır, M. (2019). Students' attitudes towards learning, a study on their academic achievement and Internet Addiction. *World Journal of Education*, 9(4), 109. https://doi.org/10.5430/wje.v9n4p109

So, R., Makino, K., Fujiwara, M., Hirota, T., Ohcho, K., Ikeda, S. et al. (2017). The prevalence of internet addiction among a Japanese adolescent psychiatric clinic sample with autism spectrum disorder and/or attention-deficit hyperactivity disorder: A cross-sectional study. *Journal of Autism and Developmental Disorders*, 47(7), 2217–2224. https://doi.org/10.1007/s10803-017-3148-7

So, R., Makino, K., Hirota, T., Fujiwara, M., Ocho, K., Ikeda, S. et al. (2019). The 2-year course of internet addiction among a Japanese adolescent psychiatric clinic sample with autism spectrum disorder and/or attention-deficit hyperactivity disorder. *Journal of Autism and Developmental Disorders*, 49(11), 4515–4522. https://doi.org/10.1007/s10803-019-04169-9

Song, J., Park, J. H., Han, D. H., Roh, S., Son, J. H., Choi, T. Y. et al. (2016). Comparative study of the effects of bupropion and escitalopram on Internet gaming disorder. *Psychiatry and Clinical Neurosciences*, 70(11), 527–535. https://doi.org/10.1111/pcn.12429

Starcke, K., Antons, S., Trotzke, P. & Brand, M. (2018). Cue-reactivity in behavioral addictions: a meta-analysis and methodological considerations. *Journal of Behavioral Addictions*, 7(2), 227–238. https://doi.org/10.1556/2006.7.2018.39

Starosta, J. A. & Izydorczyk, B. (2020). Understanding the phenomenon of binge-watching – a systematic review. *International journal of environmental research and public health*, (17), 4469. https://doi.org/10.3390/ijerph17124469

Steinberg, E. A. & Drabick, D. A. G. (2015). A developmental psychopathology perspective on ADHD and comorbid conditions: the role of emotion regulation. *Child Psychiatry and Human Development*, 46(6), 951–966. https://doi.org/10.1007/s10578-015-0534-2

Strittmatter, E., Parzer, P., Brunner, R., Fischer, G., Durkee, T., Carli, V. et al. (2016). A 2-year longitudinal study of prospective predictors of pathological Internet use in adolescents. *Eur Child Adolesc Psychiatry*, 25(7), 725–734. https://doi.org/10.1007/s00787-015-0779-0

Sussman, C. J., Harper, J. M., Stahl, J. L. & Weigle, P. (2018). Internet and video game addictions: diagnosis, epidemiology, and neurobiology. *Child and Adolescent Psychiatric Clinics of North America*, 27(2), 307–326. https://doi.org/10.1016/j.chc.2017.11.015

Szász-Janocha, C., Vonderlin, E. & Lindenberg, K. (2020a). Treatment outcomes of a CBT-based group intervention for adolescents with Internet use disorders. *Journal of Behavioral Addictions*, 9(4), 978–989. https://doi.org/10.1556/2006.2020.00089

Szász-Janocha, C., Vonderlin, E. & Lindenberg, K. (2020b). Die Wirksamkeit eines Frühinterventionsprogramms für Jugendliche mit Computerspiel- und Internetabhängigkeit: Mittelfristige Effekte der PROTECT+ Studie. *Zeitschrift für Kinder- und Jugendpsychiatrie und Psychotherapie* [Effectiveness of an early intervention program for adolescents with Internet

Gaming and Internet Use Disorder: Medium-term effects of the PROTECT+ Study], *48*(1), 3–14. https://doi.org/10.1024/1422-4917/a000673

Tabatabaee, H. R., Rezaianzadeh, A. & Jamshidi, M. (2018). Mediators in the relationship between internet addiction and body mass index: a path model approach using partial least square. *Journal of Research in Health Sciences, 18*(3), e00423-e00423. Retrieved from https://pubmed.ncbi.nlm.nih.gov/30270215

Taranto, F., Goracci, A., Bolognesi, S., Borghini, E. & Fagiolini, A. (2015). Zespół uzależnienia od Internetu w grupie 402 uczniów szkoły średniej. *Psychiatria polska* [Internet Addiction disorder in a sample of 402 high school students], *49*(2), 255–263. https://doi.org/10.12740/PP/32500

Torres-Rodríguez, A., Griffiths, M. D., Carbonell, X. & Oberst, U. (2018). Treatment efficacy of a specialized psychotherapy program for internet gaming disorder. *Journal of Behavioral Addictions, 7*(4), 939–952. https://doi.org/10.1556/2006.7.2018.111

Tsitsika, A., Andrie, E. K., Psaltopoulou, T., Tzavara, C. K., Sergentanis, T. N., Ntanasis-Stathopoulos, I. et al. (2016). Association between problematic internet use, socio-demographic variables and obesity among European adolescents. *European Journal of Public Health, 26*(4), 617–622. https://doi.org/10.1093/eurpub/ckw028

Tsitsika, A., Critselis, E., Louizou, A., Janikian, M., Freskou, A., Marangou, E. et al. (2011). Determinants of Internet addiction among adolescents: a case-control study. *TheScientificWorldJournal, 11*, 866–874. https://doi.org/10.1100/tsw.2011.85

Utz, S., Jonas, K. J. & Tonkens, E. (2012). Effects of passion for Massively Multiplayer Online Role-Playing games on interpersonal relationships. *Journal of Media Psychology, 24*(2), 77–86. https://doi.org/10.1027/1864-1105/a000066

Vadher, S. B., Panchal, B. N., Vala, A. U., Ratnani, I. J., Vasava, K. J., Desai, R. S. et al. (2019). Predictors of problematic Internet use in school going adolescents of Bhavnagar, India. *The International Journal of Social Psychiatry, 65*(2), 151–157. https://doi.org/10.1177/0020764019827985

Van den Eijnden, R. J., Lemmens, J. S. & Valkenburg, P. M. (2016). The Social Media Disorder Scale. *Computers in Human Behavior, 61*, 478–487. https://doi.org/10.1016/j.chb.2016.03.038

Van Loh, J. (2018). *Digitale Störungen bei Kindern und Jugendlichen* (1. Aufl.). Stuttgart: Klett-Cotta.

Van Rooij, A. J., Kuss, D. J., Griffiths, M. D., Shorter, G. W., Schoenmakers, M. T. & van de Mheen, D. (2014). The (co-)occurrence of problematic video gaming, substance use, and psychosocial problems in adolescents. *Journal of Behavioral Addictions, 3*(3), 157–165. https://doi.org/10.1556/JBA.3.2014.013

Walther, B., Morgenstern, M. & Hanewinkel, R. (2012). Co-occurrence of addictive behaviours. Personality factors related to substance use, gambling and computer gaming. *European Addiction Research, 18*(4), 167–174. https://doi.org/10.1159/000335662

Wang, B.-Q., Yao, N.-Q., Zhou, X., Liu, J. & Lv, Z.-T. (2017). The association between attention deficit/hyperactivity disorder and internet addiction: a systematic review and meta-analysis. *BMC Psychiatry, 17*(1), 260. https://doi.org/10.1186/s12888-017-1408-x

Wang, H. R., Cho, H. & Kim, D.-J. (2018). Prevalence and correlates of comorbid depression in a nonclinical online sample with DSM-5 internet gaming disorder. *Journal of affective disorders, 226*, 1–5. https://doi.org/10.1016/j.jad.2017.08.005

Wartberg, L. & Kammerl, R. (2020). Empirical relationships between problematic alcohol use and a problematic use of video games, social media and the internet and their associations to mental health in Adolescence. *International Journal of Environmental Research and Public Health, 17*(17). https://doi.org/10.3390/ijerph17176098

Wartberg, L., Kriston, L., Bröning, S., Kegel, K. & Thomasius, R. (2017). Adolescent problematic Internet use. Is a parental rating suitable to estimate prevalence and identify familial correlates? *Computers in Human Behavior, 67*, 233–239. https://doi.org/10.1016/j.chb.2016.10.029

Wartberg, L., Kriston, L., Kammerl, R., Petersen, K.-U. & Thomasius, R. (2015). Prevalence of pathological internet use in a representative German sample of adolescents: results of a latent profile analysis. *Psychopathology, 48*(1), 25–30. https://doi.org/10.1159/000365095

Wartberg, L., Kriston, L. & Thomasius, R. (2017). The prevalence and psychosocial correlates of internet gaming disorder. Analysis in a nationally representative sample of 12- to 25-year-olds. *Deutsches Ärzteblatt International*, (114), 419–424.

Wartberg, L., Kriston, L. & Thomasius, R. (2018). Depressive symptoms in adolescents. *Deutsches Ärzteblatt International*, 115(33–34), 549–555. https://doi.org/10.3238/arztebl.2018.0549

Wartberg, L., Kriston, L. & Thomasius, R. (2020). Internet gaming disorder and problematic social media use in a representative sample of German adolescents: prevalence estimates, comorbid depressive symptoms and related psychosocial aspects. *Computers in Human Behavior*, 103, 31–36. https://doi.org/10.1016/j.chb.2019.09.014

Wartberg, L., Kriston, L., Zieglmeier, M., Lincoln, T. & Kammerl, R. (2018). A longitudinal study on psychosocial causes and consequences of Internet gaming disorder in adolescence. *Psychological Medicine*, 49(2), 287–294. https://doi.org/10.1017/S003329171800082X

Wartberg, L. & Lindenberg, K. (2020). Predictors of spontaneous remission of problematic internet use in adolescence: a one-year follow-up study. *International Journal of Environmental Research and Public Health*, 17(2). https://doi.org/10.3390/ijerph17020448

Wartberg, L., Zieglmeier, M. & Kammerl, R. (2019). Accordance of adolescent and parental ratings of Internet Gaming Disorder and their associations with psychosocial aspects. *Cyberpsychology, Behavior, and Social Networking*, 22(4), 264–270. https://doi.org/10.1089/cyber.2018.0456

Weinstein, A. & Lejoyeux, M. (2015). New developments on the neurobiological and pharmaco-genetic mechanisms underlying internet and videogame addiction. *The American Journal on Addictions*, 24(2), 117–125. https://doi.org/10.1111/ajad.12110

Weinstein, A., Livny, A. & Weizman, A. (2017). New developments in brain research of internet and gaming disorder. *Neuroscience and Biobehavioral Reviews*, 75, 314–330. https://doi.org/10.1016/j.neubiorev.2017.01.040

Werling, A. M., Kuzhippallil, S., Emery, S., Walitza, S. & Drechsler, R. (2022). Problematic use of digital media in children and adolescents with a diagnosis of attention-deficit/hyperactivity disorder compared to controls. A meta-analysis. *Journal of Behavioral Addictions*. https://doi.org/10.1556/2006.2022.00007

Wernicke, J. & Montag, C. (2021). »Gaming« im Kindesalter. *Psychotherapeut*, 66(2), 97–104. https://doi.org/10.1007/s00278-020-00488-w

Wölfling, K., Beutel, M. E. & Müller, K. W. (2012). Construction of a standardized clinical interview to assess Internet addiction: first findings regarding the usefulness of AICA-C. *Journal of Addiction Research and Therapy*, (6), 3. https://doi.org/10.4172/2155-6105.S6-003

Wölfling, K., Jo, C., Bengesser, I., Beutel, M. E. & Müller, K. W. (2013). *Computerspiel- und Internetsucht: Ein kognitiv-behaviorales Behandlungsmanual. Störungsspezifische Psychotherapie*. Stuttgart: Kohlhammer.

World Health Organization (2018). ICD-11 for Mortality and Morbidity Statistics: 6C51 Gaming Disorder.

Yang, G., Cao, J., Li, Y., Cheng, P., Liu, B., Hao, Z. et al. (2019). Association between internet addiction and the risk of musculoskeletal pain in Chinese college freshmen – a cross-sectional study. *Frontiers in Psychology*, 10, 1959. https://doi.org/10.3389/fpsyg.2019.01959

Yar, A., Gündoğdu, Ö. Y., Tural, Ü. & Memik, N. Ç. (2019). The prevalence of internet addiction in Turkish adolescents with psychiatric disorders. *Noro Psikiyatri Arsivi*, 56(3), 200–204. https://doi.org/10.29399/npa.23045

Yoo, H. J., Cho, S. C., Ha, J., Yune, S. K., Kim, S. J., Hwang, J. et al. (2004). Attention deficit hyperactivity symptoms and internet addiction. *Psychiatry and Clinical Neurosciences*, 58(5), 487–494. https://doi.org/10.1111/j.1440-1819.2004.01290.x

Young, K. S. (1998a). *Caught in the net. How to recognize the signs of Internet addiction – and a winning strategy for recovery*. New York: Wiley. Retrieved from http://www.loc.gov/catdir/bios/wiley041/97049070.html

Young, K. S. (1998b). Internet Addiction: the emergence of a new clinical disorder. *Cyberpsychology & behavior : the impact of the Internet, multimedia and virtual reality on behavior and society*, 1(3), 237–244. https://doi.org/10.1089/cpb.1998.1.237

Young, K. S. & Abreu, C. N. de (Hrsg.). (2010). *Internet Addiction: a handbook and guide to evaluation and treatment.* Hoboken, NJ: Wiley.

Zheng, H., Hu, Y., Wang, Z., Wang, M., Du, X. & Dong, G. (2019). Meta-analyses of the functional neural alterations in subjects with Internet gaming disorder: Similarities and differences across different paradigms. *Progress in Neuro-Psychopharmacology & Biological Psychiatry, 94,* 109656. https://doi.org/10.1016/j.pnpbp.2019.109656

Zhou, N. & Fang, X.-Y. (2015). Beyond peer contagion: unique and interactive effects of multiple peer influences on Internet addiction among Chinese adolescents. *Computers in Human Behavior, 50,* 231–238. https://doi.org/10.1016/j.chb.2015.03.083

Stichwortverzeichnis

A

Abstinenz 77
Alkoholkonsum 28, 38
Anamnese 49
Angststörungen 27, 39, 40
Arbeitslosigkeit 33
Arbeitsunfähigkeit 33
Aufbau adaptiver Emotionsregulationsstrategien 74
Aufbau belohnender Aktivitäten 75
Aufmerksamkeit 30
Aufmerksamkeitsdefizit-/Hyperaktivitätsstörung (ADHS) 27, 42
Autismus-Spektrum-Störungen 44

B

Bedingungs- und Funktionsanalyse 69
Behandlung 67
– von Komorbiditäten 78
Behandlungshierarchie 37
Belohnungs
– -defizit 39
– -erwartung 43
– -verarbeitung 39
Beobachtungsinstrumente 54
Binge-Watching 23
Body Mass Index (BMI) 29

C

Cannabis-Konsum 38
Chronifizierung 25, 26
Compensation 40
Computerspielstörung 11, 16

D

Depression 27, 39, 40
Diagnostik 47
– -instrumente 51
Diagnostische Interviews 53
Diagnostische Kriterien 16
Diathese-Stress-Modell 60
Differentialdiagnostik 42, 44, 45
Dopaminerges Belohnungssystem 57, 58
Dual-Prozess-Theorie 59
Dyssomnien 29

E

Einsamkeit 28, 57
Eltern-Kind-Beziehung 61
Elternarbeit 78
Emotionsregulation 39, 43, 57
Epidemiologie 21
Erkrankungsgipfel 25
Erscheinungsbild 10
Erstgespräch 49

F

Fehlersensitivität 31
Folgen 27
– Gesundheitliche 29
– Monetäre 31
– Neurobiologische 30
– Psychologische 27
– Schulische 31
– Soziale 28
Fragebogenverfahren 52
Free2Play-Spiele 31

G

Glücksspielstörung 16
Gratifikation 40, 58, 60
Grundschulalter 24

H

Habitualisierung 58
Hazardous Gaming 19

I

I-PACE-Modell 58
In-App-Käufe 31
Individuelles Störungsmodell 74
Integratives Prozessmodell der Internetsucht 60
Intelligenzdiagnostik 55
Internet- und Computerspielsucht 12
Internetnutzungsstörung 10
Inzidenz 22

K

Kognitiv-behaviorales Modell für pathologischen Internetgebrauch 61
kognitive Funktionen 30
Komorbiditäten 37
Kompensation 58, 60

L

Liking versus Wanting 40
Loot-Box 32
Löschung durch (Teil-)Abstinenz 77

M

Makroanalyse 49
Mediennutzung
– von Jugendlichen 14
– von Kindern 13
Mikroanalyse 50
Motivationsaufbau 72

N

Nikotin-Konsum 38
Nutzungstagebücher 54

O

Obsessive Passion 28
Online-Verhaltenssüchte 10

P

Pathologisches Glücksspiel 28, 38
Pharmakotherapie 78
Pornografie-Nutzungsstörung 11
Präfrontale Kontrolle 31
Prävalenz 21

– Klinische 22
PROTECT-Ätiologie-Modell 59

R

Restriktionen 62
Reward Deficiency Hypothesis 43
Risikofaktoren 56
Rückfälle 25

S

Schlaf 29
– -störungen 29
Schmerzen 30
Schul
– -absentismus 32
– -form 32
Shopping-Störung 11
SORKC Modell 50
Soziale-Netzwerke-Nutzungsstörung 11
Sozialverhalten 28
Spontanremission 26
Stabilität 25, 26
Stimuluskontrolltechniken 77
Störungen des Sozialverhaltens 44
Streaming-Störung 11
Stressvulnerabilität 57

T

(Teil-)Abstinenz 77
Testverfahren 55
Teufelskreis 40, 58, 60, 61
Therapieplan 70
Tracking-Apps 54
Transdiagnostische Faktoren 41
Translation 60
TRIAS-Modell 56

U

Übergewicht 29

V

Verarbeitungsgeschwindigkeit 30
Verhaltenssubstitution 76
Verhaltenssüchte 10
Verlauf 25

Z

Zielfindung 71